こころの深呼吸

気づきと癒しの言葉366

片柳弘史

教文館

はじめに

この本に集めた言葉は、実はわたしが考えたものではありません。教会や幼稚園、刑務所などで皆さんとお話ししているときや、聖堂で祈っているときなどに、心の奥からふっと湧き上がってきた言葉です。人と、あるいは神さまと真剣に向かい合っているとき、自分の頭ではまったく思いつかないような考え方や気づきが、心の奥からふっと湧き上がってくることがあるのです。言葉が天から降って来る、と言ってもいいかもしれません。

そんな風にして生まれた言葉を、インターネットで分かち合い始めたところ、たくさんの方から反響がありました。「まるで、自分に語りかけられているようだ」というのです。人間の想像をはるかに越えた何か大きな存在が、インターネットを通して皆さんに語りかけたのかもしれません。それらの言葉を、今回、一冊の本にまとめることになりました。一日一言ずつゆっくり味わってもよいでしょうし、日にちに関係なく最後まで読み通してもよいでしょう。心のおもむくまま、自由に読んでください。

思いがけない発想の転換や気づきが生まれるとき、わたしたちの心にさわやかな風が吹き込みます。まるで、森の新鮮な空気を吸い込んだときのような、すがすがしい気持ちになるのです。さわやかな風は、心の疲れを運び去り、再び歩き出すための力を与えてくれます。あわただしい時間の流れから抜け出して、心の森で深呼吸する。そんなひと時を、どうぞお楽しみください。

※記憶の深くにどなたかの言葉があって、それが浮かび上がってきた場合があるかもしれません。その場合はどうかご容赦ください。

I月

1月1日

一歩を踏み出す

何でもできると思っている人は、
やっているうちに
できないことが見えてくるでしょう。
何もできないと思っている人は、
やっているうちに
できることが見えてくるでしょう。
大切なのは、
一歩を踏み出すことです。

心を整える

目標に向かって心をまっすぐ整えれば、
生活もまっすぐ整ってゆきます。
目標を見失って心がぶれ始めると、
生活も同じようにぶれ始めます。
生活を整えたいなら、
まず心を整えることから始めましょう。

1月2日

1月3日

毎日少しずつ

体を鍛えたいなら、
一度にたくさん運動するより、
毎日少しずつ体を動かす方が効果的。
心を鍛えたいときも、
一度に大きな決心をするより、
毎日少しずつ自分を乗り越える方が効果的。
体も心も、少しずつ
成長するようにできているのです。

想像を越えた成長

すべてが自分の思った通りになれば、
結局、自分が思っている程度の
人間にしかなれません。
思った通りにならないからこそ、
ときどき思いがけない試練が
やってくるからこそ、
自分の想像をはるかに越えて
成長することができるのです。

1月4日

1月5日

人生という絵

すぐれた画家は、
間違って引いた線さえ、
美しい絵の一部にしてしまいます。
わたしたちの人生もそれと同じ。
消せない間違いを、
いつまでも気にする必要はありません。
あきらめずに描き続け、
美しい人生の一部にしてしまいましょう。

想像力の限界

人間は、先に起こる不幸を想像するとき
天才的な力を発揮しますが、
先に起こる幸せを想像するのは苦手です。
だから、先のことについては、
バランスの悪い想像しかできないのです。
先のことは神さまに委ね、
わたしたちは「いま」に集中しましょう。

1月6日

1月7日

最大の不幸

自分の足で歩ける、
おいしく物を食べられる、
痛みを感じずに眠れる。
病気になると、
それだけでも
十分に幸せだと気づきます。
人間の最大の不幸は、
自分が幸せだと気づかないことです。

苦しみを愛に

嫌な用事を頼まれたときこそ、
相手に愛を伝えるチャンス。
喜んで引き受けることで、
「あなたのためなら、
このくらいの苦しみは何でもない」
というメッセージを伝えましょう。
喜んで引き受けることで、
苦しみを愛に変えましょう。

1月8日

1月9日

成し遂げる力

大きなことばかりしたがり、
小さなことをしたがらない人は、
結局何もできずに終わるでしょう。
大きなことを成し遂げるための力は、
小さなことに誠実に取り組み、
小さなことから学んだ人にだけ
与えられるものだからです。

走り出す前に

幸福だと信じてつかみ取ったものが、
実は不幸だった。
幸福になるために捨てたものの中に、
実は幸福があった。
そんなことが時々あります。
幸福を追いかけて走り出す前に、
何が幸福なのかしっかり見極めましょう。

1月10日

全力で挑む

実力以上の結果を出そうとすれば、
緊張して
実力さえ出せなくなります。
これまでの積み重ねを信頼して
全力で挑むとき、
一番よい結果が得られるのです。
ありのままの自分を
さらけ出す勇気を持ちましょう。

1月11日

できるところまで

「やればできる」は、
半分正しくて、半分間違っています。
「やれば、できるところまではできる。
やらなければ、できるはずのことさえ
できないまま終わる」
が正確な表現でしょう。
どこまでできるかは、
自分で確かめるしかありません。

1月12日

1月13日

成長する人

出会った相手の
よいところを見て学び、
自分の中に取り入れようとする人は、
どこまでも成長してゆきます。
悪いところを見て得意になり、
自分を省みない人は、
いつまでたっても
成長することがありません。

一声かける

事前に一声かければできることも、
その一声を省くとできなくなります。
大切なのは相手への尊敬。
相手の間違いを
ゆるせるほど寛大な人でも、
自分が無視されることだけは
ゆるせないのです。

1月14日

よい人と悪い人

どんな人でも、
心の中によい思いもあれば、
悪い思いもあります。
悪人と思われていた人が、
歳を経てよい人に
変わることもあります。
誰がよい人で、誰が悪い人なのか、
決めるのはとても難しいことです。

1月15日

好みの違い

「白ワインよりも赤ワインが好き」
という思いは、行き過ぎると
「赤ワインより白ワインが好きな人は、
ワインの味がわからない人」
という思い込みを生みます。
好き嫌いの問題が、
優劣の問題になってしまうのです。
好みのあいだに優劣はありません。

1月16日

1月17日

何ができるか

物事が自分の思った通りにならないとき、
いら立って周りの人に当たり散らせば、
状況はますます悪くなるばかり。
現実を冷静に受けとめ、
「この状況の中で
自分に何ができるだろう」と考えれば、
状況は必ずよくなります。

時間の家計簿

お金を無駄遣いしないため、
家計簿をつけて
何にお金を使ったかを
確認するのと同じように、
時間を無駄遣いしないため、
一日を振り返って
何に時間を使ったか確認しましょう。
時間の無駄遣いは、人生の無駄遣い。
お金の無駄遣いより深刻です。

1月18日

1月19日

心の居場所

路上で生活する人に、
住む部屋だけ与えても問題は解決しません。
自分が必要とされ、
尊敬される場所を見つけるまで、
心は「ホームレス」のままだからです。
誰かから必要とされ、尊敬されてこそ、
人間らしく生きることができるのです。

時間を愛に変える

自分だけのために使った時間は、
あっという間に流れ去り、
どこかに消えてゆきます。
誰かのために使った時間は、
愛に変わって、
いつまでも心の中に残ります。
自分のために使えば失い、
誰かのために使えば残る。
それが時間の不思議、人生の不思議です。

1月20日

説明しなくても

自分のすごさを説明しても、
あまり意味がありません。
本当にすごいなら、
説明しなくてもわかるからです。
自分が誰であるかを証《あかし》するのは、
過去の栄光や業績ではなく、
いまここに生きている
わたしたち自身なのです。

1月21日

忘れるために

嫌なことの記憶は、
忘れようとすればするほど
鮮明によみがえってくるもの。
嫌なことを忘れようとするより、
いま自分がすべきことに集中しましょう。
そのうち、嫌なことは忘れてしまいます。

1月22日

こんな人間

「わたしとしたことが、
こんなはずじゃなかった」
と思うようなことを
してしまったときこそ、
自分がどんな人間かを知るチャンス。
「わたしはこんな人間だ」
と素直に認められたなら、
そこから成長が始まるでしょう。

1月23日

誰にでもできる仕事

「誰にでもできる仕事」と言いますが、
「誰にでもできる」と思われて
評価されない仕事を誠実に果たすことは、
誰にでもできるわけではありません。
むしろ、多くの人から評価される仕事の方が、
誰もがやりたがる仕事、
「誰にでもできる仕事」かもしれません。

1月24日

心で感じる

「愛とは何だろう」と考え込んでいては、
いつまでも愛することができません。
考えるのをやめ、
相手の苦しみに心を開きましょう。
そうすれば、
何かせずにいられなくなります。
愛は、頭で考えることではなく、
心で感じることから始まるのです。

1月25日

塩水が沁みたなら

普段はなんでもない相手の言葉に
痛みを感じるのは、
心が怪我をしているしるし。
塩水が傷口に沁みたとしても、
それは塩水のせいではありません。
塩水を責めるのではなく、
傷を治すことを考えましょう。

1月26日

どちらか選ぶ

「痩せたい、でも食べたい」
「結婚したい、でも自由でいたい」
「みんなと仲よくしたい、
でもあの人だけはゆるせない」
など、人生の悩みの多くは、
矛盾した自分の思いから生まれます。
きっぱりどちらか選べたら、
きっと解決するでしょう。

1月27日

自分を受け入れる

弱さや欠点から目をそらし、
自分は有能な人間だと思い込むのは、
自己受容ではなく自己陶酔。
自己受容とは、
自分の弱さや欠点を直視し、
弱くて欠点だらけの自分を、
それでもかけがえのない自分として
受け入れるということです。

1月28日

1月29日

つながってこそ

どんなに自分を磨いても、
電球は自分だけで光ることができません。
つながって
電気が通ったときにこそ光るのです。
人間も同じ。
どんなに自分を磨いても、
自分だけで輝くことはできません。
人とつながり、
愛が通ったときにこそ輝くのです。

絡んだ糸をほどく

絡んだ糸は、
心を落ち着けてからほどかないと、
ますますひどく絡んで
二度とほどけなくなります。
人間関係もそれと同じ。
口を開く前に、まずは心を落ち着けましょう。
カッとなって言い返せば、
取り返しがつかなくなるかもしれません。

1月30日

1月31日

思いやる心

「忙しい」は、「心を亡くす」と書きます。
たくさんの仕事に追われているとき、
わたしたちは自分を守るのに必死で、
人を思いやることが
できなくなってしまうのです。
人を思いやる心を失うほど、
自分を追いつめないようにしましょう。

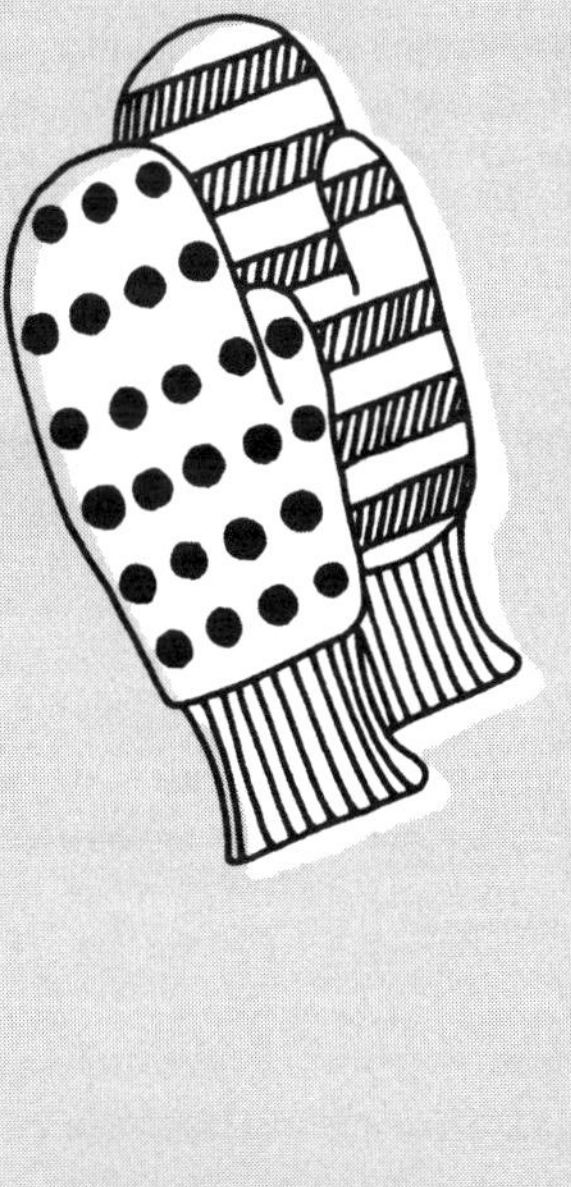

2
月

2月1日

いまを生きる

自分がいつ死ぬのかさえ、
予測できないわたしたち。
一番大事なことがわからないのに、
そんなに先のことまで
思い悩んでも仕方がありません。
わたしたちにできるのは、
与えられたいまを
精いっぱいに生きることだけです。

今日という日

今日という日は、
これまでの人生の到達点
であると同時に、
これからの人生の出発点。
これまでの人生への感謝と、
これからの人生への期待を胸に、
今日を精いっぱいに生きましょう。

2月2日

2月3日

心の隙間

生活が充実し、
心が喜びに満たされているときは、
何を言われてもあまり気になりません。
生活が乱れ、
心に虚しさを感じているときは、
ちょっとしたことでも腹が立ちます。
悪意は、わたしたちの
心の隙間に入り込むのです。

2月4日

目の前の感動

感動が生まれるのは、
見たことがないほど美しいものと
出会ったときだけではありません。
感動は、いつも見慣れたものの中に、
思いがけない美しさを
見つけ出したときにも生まれます。
感動は、もう目の前にあるのです。

2月5日

愛があるから

ささやかなことに
真心を込めるとき、
そこに愛が生まれます。
レストランの豪華な食事より、
お母さんが腕によりをかけて作った
手料理の方がおいしいのは、
そこに愛があるからなのです。

ささやかな幸せ

本当の幸せは、
お金をかけた大きなことではなく、
真心のこもった小さなことの中にあります。
大きなことを求めて
小さなことを捨てるのは、
幸せを捨てるのと同じこと。
ささやかな幸せでいいのです。
ささやかな幸せだからこそいいのです。

2月6日

2月7日

耐えられる苦しみ

耐えられないほどひどい苦しみも、
誰かがそばにいて手を握ってくれるなら
耐えられる苦しみに変わります。
愛する人の苦しみを
なくすことはできなくても、
耐えられる苦しみに
変えることならできるのです。

愛の力

親の期待に応えなければ
愛されないと思っている子どもは、
自分が愛されるために必死で頑張ります。
親の愛が無条件だと知っている子どもは、
心を満たした愛の力に動かされ、
家族や友だち、社会のために頑張ります。

2月8日

2月9日

愛されているから

親から愛されるために頑張る子どもは、
愛を自分の努力の結果と勘違いします。
親の愛に包まれて頑張る子どもは、
頑張れること自体を感謝します。
愛されるために
頑張る子どもではなく、
愛されているから
頑張れる子どもを育てましょう。

2月10日

生きがい

ボランティアで
駅前の自転車を整理しているおじいさんが、
「にっこり笑って
『ありがとう』と言ってもらえることが
わたしの生きがいだ」と言っていました。
たとえ一人でも、
自分の存在を喜んでくれる人がいる。
それだけで人間は生きてゆけるのです。

2月11日

喜んでくれる人

何のために生きているのか
分からなくなるほど疲れたときは、
わたしたちの存在を
喜んでくれる人の顔を思い出しましょう。
その人の笑顔が、
今日を生きるための力になるはずです。

存在が語る

うまく話そうとする必要はありません。
一番大切なメッセージは、
話す内容ではなく、
あなたの存在そのもの。
相手の話をしっかり受けとめ、
真心を込めて誠実に語りかける
あなたの存在そのものがメッセージなのです。

2月12日

信じる力

愛するとは、
いつか受け入れてもらえると信じて、
相手に自分を差し出し続けること。
愛されるとは、
目に見えない愛を信じて、
相手に心を開くこと。
愛するためにも、愛されるためにも、
信じる力が必要です。

2月13日

ひとかけらの愛

幸せになるために、
大きな愛は必要ありません。
ほんのひとかけらでも、
真実の愛があればいいのです。
何があってもわたしたちを見捨てず、
寄り添い続けてくれる
小さな愛がたった一つあれば、
それだけでわたしたちは十分に幸せです。

2月14日

2月15日

愛さずにいられない

こちらが相手を愛したとしても、
相手から同じように
愛してもらえるとは限りません。
愛に生きるとは、
愛にこたえてもらえない苦しみを
背負って生きるということ。
それでも愛さずにはいられない
ということなのです。

しっかり見極める

もう起こってしまったことは
変えられませんが、
これから起こることは
変えられます。
他人は変えられませんが、
自分自身は変えられます。
変えられないもの、変えられるものを、
しっかり見極めましょう。

2月16日

2月17日

例外はない

「人間は弱くて、不完全な存在だ」

ということは受け入れられても、

「あなたは弱くて、不完全な存在だ」

と言われると受け入れられないわたしたち。

どうして自分だけが例外でありうるでしょう。

人間は誰しも
弱くて、不完全な存在なのです。

弱い人こそ強い

自分の弱さを知っている人は、
思い上がって失敗することがありません。
弱点を直視して、
それを乗り越えることができます。
限界を素直に認め、
人と協力することができます。
自分の弱さを知っている人が、
実は一番強いのです。

2月18日

2月19日

自分に誇りを持つ

自分に誇りを持つとは、
自分の優秀さをひけらかし、
人を見下すということではありません。
多くの欠点を持ちながら、
それでも精いっぱい生きている自分に
誇りを持つということ。
同じように頑張っている人に、
心からエールを送るということです。

祈りの実用性

「神さま、助けてください」
そう祈った瞬間、
心を覆っていた不安や焦りが消え、
すべてのことがはっきり見え始めます。
いま何をすればいいか、
はっきり分かるようになるのです。
祈りほど実用的なものはありません。

2月20日

2月21日

意見の違い

誰かが自分の意見に反対している
と思えば腹が立つでしょう。
ですが、その人はその人自身の意見に
賛成しているだけだと思えば
腹は立ちません。
意見の違いを認め合い、
冷静に話し合いましょう。

傷口を確かめる

心に傷を受けたときは、
どこにどんな傷を受けたのかを
確かめましょう。
傷口を確かめれば、
その大きさと深さに
ふさわしい治し方が分かります。
重傷をかすり傷だと思い込めば、
傷はますますひどくなるばかりです。

2月22日

2月23日

体験しなければ

どんなに頭で理解しようとしても、
体験しなければ分からないことがあります。
例えば、愛のぬくもりがどんなものなのか、
それは愛と出会った人にしか分かりません。
出会ったとしても、それを言葉で
人に説明することはできません。

限界はない

人間の成長に、限界はありません。
「自分はまだ未熟だ」ということを忘れず、
謙虚な心で学び続ける限り、
人間はどこまでも成長してゆくのです。
もし成長が止まるとすれば、
それはその人が
「もうすべてわかった」と思い込んだときです。

2月24日

2月25日

一人ぼっちでも

たくさんの人と一緒にいても、
自分は愛されていると信じられない限り、
孤独のさびしさが消えることはありません。
たとえ一人ぼっちでも、
自分は愛されていると信じられれば、
孤独を感じることはありません。

価値を生み出す

人間の価値は、
外側から与えられるものではなく、
内側から生まれてくるもの。
与えられた使命を
精いっぱいに生きるとき、
わたしたちの中から
価値が生まれてくるのです。

2月26日

2月27日

心の壁を壊す

自分を守るために作った壁は、
そのまま自分と周りの人たちを
隔てる壁になります。
自分を守るために作った壁に、
閉じ込められてしまうことがあるのです。
誰かと愛で結ばれたいなら、
勇気を出して壁を壊し、心を開きましょう。

一段上の土俵

誰かから悪口を言われたとき、
むきになって言い返せば、
相手と同じ土俵に乗ることになります。
「なぜ、こんなことを言うのだろう」
「どうしたら、
この人とうまくやってゆけるだろう」
と考えることで、
もう一段上の土俵に乗りましょう。

2月28日

2月29日

ありのままで勝負

自分を実際よりよく見せようとして
かっこをつけても、
「かっこいい」と思ってくれる人はいません。
「あの人は、かっこをつけている」
と思われるだけです。
無駄な努力はやめ、
ありのままの自分で勝負しましょう。

3月

3月1日

結末を書き変える

「自分は悲劇の主人公」と、
今から決めてしまう必要はありません。
人生の筋書きは、
いくらでも変えられるからです。
絶体絶命のピンチを乗り越え、
結末をハッピーエンドに
書き変えてしまいましょう。

恩を送る

「恩送り」という言葉があります。
「恩返し」は、
誰かからよくしてもらったら、
相手にもよくしてあげるということ。
「恩送り」は、
誰かからよくしてもらったら、
他の人にも同じように
よくしてあげるということです。

3月2日

3月3日

命の尊さ

ケネディ大統領は、
ハンディを負った子どもたちについて
「アメリカが、
この子どもたちを救うのではない。
この子どもたちによって救われるのだ」
と語ったそうです。
懸命に生きる子どもたちの姿が、
わたしたちに
命の尊さを教えてくれるからです。

心の望むまま

本当に望んでいることなら、
たとえ損でもする。
望んでいないことなら、
どんなに得でもしない。
それが、
自分らしく生きるための大原則。
損得勘定をやめ、
心の望むままに生きましょう。

3月4日

3月5日

完璧よりも誠実を

仕事が忙しいとき
パニックに陥るのは、
すべてを完璧にこなそうとするから。
できないことまでしようとせず、
できることを
着実に仕上げてゆきましょう。
完璧であることより、
誠実であることを目指しましょう。

ちょうどいい荷物

自分で欲を出して
大きな荷物を背負っておきながら、
「重い、重い」と
苦情を言い始めるわたしたち。
苦情を言うくらいなら、
初めから欲を出さないこと。
自分にちょうどいい大きさの
荷物を背負うことです。

3月6日

3月7日

偉くなっても

本当に偉いのは、
どんなに偉くなっても思い上がらない人。
目の前にいる相手と、
誠実に向かい合うことができる人。
小さなことにも、
全力で取り組むことができる人。
どんなに偉くなっても、
他人を見下してもよいほど
偉い人などいないのです。

蝶になるために

心が疲れて動かないときは、
「いま、わたしの心は
少しずつエネルギーを蓄えている。
いつか必ず動き出す時が来る」と信じて、
ゆっくり休むのが一番。
美しい蝶になるためには、
さなぎの中で待つ時間も必要なのです。

3月8日

3月9日

自由で謙虚な心

人間としての成長は、
たくさんのものを手に入れることより、
むしろ手放して自由になってゆくこと。
何かができるようになることより、
むしろ自分の限界を知って
謙虚になってゆくことの中にあります。

思っているほど

自分のことを
一番わかっているのは自分のはず。
ですが、周りから見れば明らかな事実に、
本人だけ気づいていないことがよくあります。
わたしたちは、
自分が思っているほど
自分のことを知らないのです。

3月10日

3月11日

互いに支え合う

地震によって明らかになったのは、
たった5分先のことさえわからない
わたしたち人間の無力さ。
原発事故によって明らかになったのは、
自分の能力を過信して思い上がる
わたしたち人間の愚かさ。
弱さを思い知ったなら、
謙虚な心で互いを支え合いましょう。

傷ついた人に寄り添う

深く傷ついて
うずくまっている人に、
「そんな傷のことは早く忘れて、
立ち上がりなさい」
と言っても無理なこと。
わたしたちにできるのは、
傷が癒えて立ち上がれるまで、
その人に寄り添うことだけです。

3月12日

幸せの秘訣

幸せになるのは、とても簡単。
幸せになりたいなら、
もう出来なくなったことを嘆くのをやめ、
まだ出来ることがあるのを喜びましょう。
まだ持っていないものをうらやむのをやめ、
もう持っているものに感謝しましょう。

3月13日

愛される方が難しい

愛されるとは、
弱くて不完全な自分を、
ありのまま受け入れてくれる人が
いると信じること。
何もできなかったとしても、
自分には愛される価値があると信じること。
誰かから愛されるのは、
誰かを愛するより難しいことかもしれません。

3月14日

3月15日

明日への希望

過ぎ去ってゆく今日に
しがみつこうとすると、
つい夜更かしをしてしまいます。
やってくる明日に思いをはせれば、
明日に備えて
早めに寝ようという気持ちになります。
今日への未練を断ち切り、
明日への希望を胸にして床につきましょう。

当たり前

思った通りにならなければ腹を立て、
思った通りになれば当たり前と
考えてしまいがちなわたしたち。
思った通りにならなくて当たり前、
思った通りになればありがたいと
考えられるようになれば、
もっと幸せになれるでしょう。

3月16日

3月17日

ゆるすために祈る

どうしても相手をゆるせないときは、
ゆるせない自分を責めたり、
開き直って相手を責めたりせず、
「いつかゆるすことができますように」
と祈りましょう。
ゆるしは、
人間の力を越えたものなのです。

全身で愛を語る

心の底からあふれ出す笑顔、
きらきら輝く目、
相手の話を
一言漏らさず聞こうとする耳は、
「あなたが大切だ」というメッセージを、
どんな言葉よりも雄弁に伝えます。
言葉だけでなく、
全身で愛を語りましょう。

3月18日

3月19日

野の花に学ぶ

野の花は、
自分の存在に意味があるのかと
考えて悩むことも、
他の花と美しさを
競い合うこともありません。
ただ、自分らしく
精いっぱいに咲くだけです。
野の花から、生き方を学びましょう。

物語の意味

物語は、
途中で終わってしまえば
意味がありません。
最後まで書き上げたときに
意味が生まれるのです。
わたしたちの人生もそれと同じ。
意味があるから生きるのではありません。
最後まで生き抜くからこそ
意味が生まれるのです。

3月20日

3月21日

迷子にならないために

「あれもしなければ、これもしなければ」
と仕事に追われているうちに、
何のために仕事を始めたのか
忘れてしまうわたしたち。
目的地を見失って迷子にならないよう、
ときどき、
「あなたのしたいことは何？」と
自分自身に問いかけてみましょう。

自分自身の問題

「あの人さえいなければ」と
思っていた人がいなくなると、
またすぐに
同じようなことをする人が現れるもの。
自分自身の問題を解決しない限り、
それを指摘する人は必ず現れます。
人のせいにする前に、
自分自身と向かい合いましょう。

3月22日

3月23日

自分を愛するように

「隣人を自分のように愛しなさい」
と言いますが、
人間は、自分を愛するようにしか
隣人を愛することができません。
自分を厳しく裁いて
だめな人間だと決めつける人は、
隣人も同じように厳しく裁いてしまうのです。
まずは、自分を愛することから始めましょう。

劣等感と優越感

たとえば自分の学歴を気にしている人は、
誰かと出会ったとき
まず相手の学歴を気にします。
そして、自分より学歴が
高い相手には劣等感を、
低い相手には優越感を抱くのです。
相手をありのまま受け入れたいなら、
まずありのままの自分を受け入れましょう。

3月24日

3月25日

心と体の疲れ

ネガティブな考えに陥るのは、
心や体が疲れているるしるし。
疲れがとれれば、自然と
前向きな考え方ができるようになります。
無理に頑張ろうとせず、
「こんなときもある」とゆったり構えて
疲れがとれるのを待ちましょう。

相手との距離

どんなに小さな欠点も、
近くから見れば大きく見えます。
相手の欠点ばかりが目につき始めたら、
相手と少し距離をとってみましょう。
遠くから相手の全体を見れば、
相手の欠点の
本当の大きさがわかるでしょう。

3月26日

否定しなくても

正しいことを語っているなら、
他の意見をむきになって
否定する必要はありません。
ただ、自分の意見をはっきり、
力強く語ればいいのです。
どちらが正しいかは、
聞いた人たちが判断するでしょう。

3月27日

愛と真理

暴力や圧迫によって
悪を屈服させたとしても、
将来にわざわいの原因を残すだけ。
悪には、誰も逆らえないほどの
愛と真理で立ち向かいましょう。
真の平和を実現するには、
それ以外にありません。

3月28日

必要とされている

人生の意味を探すとは、
自分にどんな力があり、
それをどう使えば
人を幸せにできるのか探すこと。
誰かから必要とされている、
自分の存在を
喜んでくれる人がいるという実感が、
わたしたちの人生に意味を与えるのです。

3月29日

想像を超える恵み

職場を変わるとき不安を感じるのは、
失うものははっきり見えているけれど、
新しい場所で与えられるものは
うまく想像できないから。
新しい場所には、
想像を超えるほどの恵みが待っている。
そう思えば、なんの不安もありません。

3月30日

3月31日

意味は必ずある

大きな失敗をしたときや、
思った通りに生きられないとき、
わたしたちはつい
「こんな人生には意味がない」
と思ってしまいます。
ですが、それは、
「人生の意味を見失った」
ということに過ぎません。
生きている限り、意味は必ずあるのです。

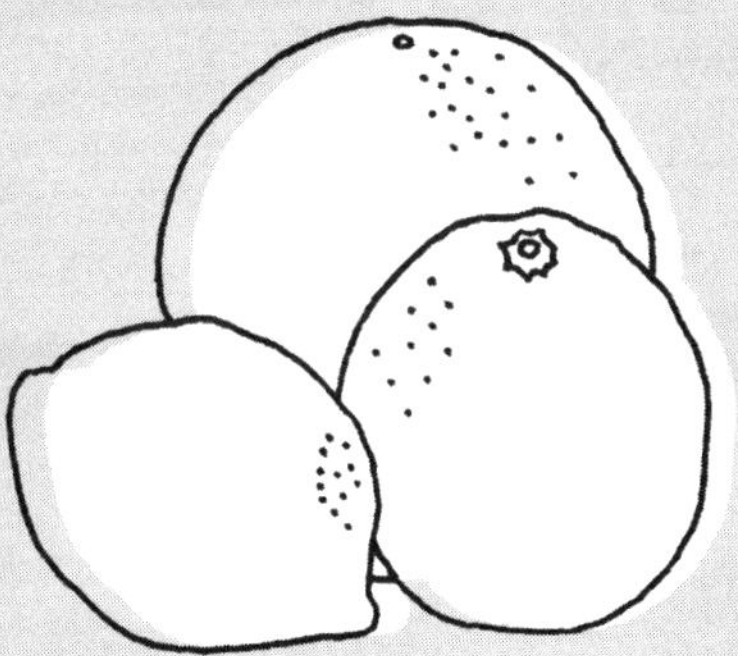

4
月

4月1日

出会いの恵み

自分と同じ考え方、
感じ方をする人との出会いは、
安らぎと喜びをもたらす恵み。
自分と違う考え方、
感じ方をする人との出会いは、
学びと成長をもたらす恵み。
無駄な出会いは一つもありません。
すべての出会いが恵みです。

教育者の願い

子どもが自分の期待通りに
行動したときほめるのではなく、
その子なりに頑張って
成長したときほめるのが教育者。
子どもが
自分の思い通りに育つことではなく、
その子らしく育つことが
教育者の願いなのです。

4月2日

4月3日

怒りを向ける相手

一番腹が立つのは、
自分でも分かっているけれど、
決して認めたくない事実を指摘されたとき。
指摘した相手に腹を立てるより、
むしろ事実を認めることができない
未熟な自分に腹を立てましょう。
怒りを向ける相手を、
間違えてはいけません。

理屈を越えた愛

「なぜ、わたしだけ
こんな目にあうのだろう」
と思うほど傷ついた心を癒せるのは、
「なぜ、わたしに
こんなにもよくしてくれるのだろう」
と思うほどのやさしさの体験だけ。
理不尽な苦しみを癒すことができるのは、
理屈を越えた愛のぬくもりだけです。

4月4日

4月5日

人生に納得する

人と比べることで得られた自信は、
自分が人より優れていること、
人が自分より劣っていることを
絶えず確認しなければ持続できません。
自分自身と向かい合い、
自分の人生に納得することで得られた自信は、
なにがあっても揺らぐことがありません。

ベテランの先生

新任の先生は、
子どもが自分の思った通りに動かないと
子どもに腹を立てます。
「思った通りに動くのが当たり前」
と思っているからです。
ベテランの先生は決して腹を立てません。
「子どもが思った通りに動かなくても、
そんなのは当たり前」と思っているからです。

4月6日

4月7日

変えられること

苦しみがない人にはなれなくても、
苦しみを乗り越えられる人にはなれます。
恵まれた人にはなれなくても、
恵みを見つけられる人にはなれます。
変えられないことを嘆くより、
自分に変えられることを探しましょう。

間違いを認める

間違いを素直に認められない人は、
自分の間違いを相手のせいにすることで、
間違いをさらに大きくしてしまいます。
間違いを素直に認められる人は、
すぐ相手に謝ることで、
間違いを最小限に食い止めることができます。

4月8日

4月9日

最初の犠牲者

口から出た汚い言葉は、
真っ先に自分の耳に入って
自分の心を汚します。
憎しみに満ちた呪いの言葉の
最初の犠牲になるのは、
言葉を放ったその人なのです。
自分で自分を
滅ぼすようなことはやめましょう。

尊敬される人

自分だけが優れていると
思い込んでいる人が、
尊敬されることはありません。
逆に、出会うすべての人の中に
自分より優れたところを見つけ、
心の底から敬うことができる人は、
誰からも尊敬されるでしょう。

4月10日

4月11日

正しい言葉

どんなに正しい言葉も、
愛がないなら間違っています。
人を傷つけることは、
どんな理由があっても許されないからです。
正しい言葉は、
相手への思いやりを込めて語るとき、
初めて本当に正しくなるのです。

信頼できる人

「あなたのためならなんでもする」
と言う人に限って、
実際になにかを頼むと、
様々な理由をつけて引き受けてくれません。
信頼できるのは、むしろ
「できることはできる。
できないことはできない」
とはっきり言ってくれる人です。

4月12日

持ってゆけるもの

どんなにたくさんの物を手に入れても、
入院するとき病院に持ってゆけるのは、
せいぜいキャリーバッグ一つ分の荷物だけ。
天国には、それさえ
持ってゆくことができません。
天国に持ってゆくことができるのは、
心を満たした愛だけです。

4月13日

本当の望み

「本当の望み」とは、
それが叶えられたときに、
心が満たされる望みのこと。
どんなに欲望を満たしても、
心が満たされることはありません。
「本当の望み」と欲望を、
間違えないようにしましょう。

4月14日

信じて寄り添う

「この人は絶対に分かってくれる」と信じ、
分かってもらえなければ
切り捨てるというのは、
過剰な期待であって信頼ではありません。
「いま分かってくれなくても、
いつか必ず分かってくれる」と信じ、
寄り添い続けるのが信頼です。

4月15日

立ち向かう勇気

逃げようとすれば、
問題はどんどん大きくなりながら
追いかけてきます。
逃げるのをやめて立ち向かえば、
その瞬間から問題は
どんどん小さくなってゆきます。
大切なのは、
恐れずに立ち向かう勇気です。

4月16日

4月17日

かけがえのない人

家族との争いが心を深く傷つけるのは、
家族こそ一番大切な存在だから。
「お前なんかいなくなれ」
と否定するのではなく、
「あなたはわたしにとって
かけがえのない人だ」
と素直な気持ちを伝えましょう。

偉大さに気づく

自分を知るとは、
自分が自分で思っていたほど
偉大な人間ではないことに気づき、
その事実を受け入れるということ。
自分の中に、
自分でも気づいていなかった
偉大さがあることに気づき、
それに感謝するということです。

4月18日

素直な心

自分の欠点を素直に認められる人は、
それを直して成長できます。
相手の優れたところを
素直に認められる人は、
相手から学んで成長できます。
成長するために大切なのは、
こだわりのない素直な心です。

4月19日

描き上げる

途中で失敗したからと
描きかけの絵を破り捨て、
次の紙に描きはじめるけれども
失敗したらまた破り捨てる。
そんなことを繰り返していては、
いつまでも絵が完成しません。
大切なのは、
たとえ完璧でなくても
最後まで描き上げることです。

4月20日

4月21日

伝えたいなら

「この素晴らしさを、ぜひ伝えたい」
という気持ちが強すぎると、
かえって相手に伝わりません。
自分自身がその素晴らしさを存分に味わい、
輝く笑顔で毎日を生きているなら、
相手はそこに
何か素晴らしいものがあると気づくでしょう。

悪口さえも

「悪口など言わせておけ」
と開き直れば、
どんな悪口も気にせず、
今と同じように生きてゆけます。
ですが、悪口の中に含まれる
十分の一、百分の一の真理に耳を傾け、
謙虚に受けとめられれば、
悪口さえ肥やしにして
成長してゆけるでしょう。

4月22日

自信がないから

仕事に自信が持てないことに、
不安を感じる必要はありません。
自信がないからこそ
丁寧に取り組み、
自信がないからこそ
仲間と協力できるのです。
むしろ、自信がないことに
自信を持ちましょう。

4月23日

誰もが特別

「自分は特別な存在だ」と信じるのは、
とても大切なこと。
ですが、自分の目の前の人も、
すぐ横の人も、
同じくらい特別な存在だということを、
忘れないようにしましょう。

4月24日

4月25日

言い訳しない

間違いを指摘されたとき、
言い訳して取りつくろえば、相手は
「この人は間違った上に
言い訳までする人だ」と思います。
言い訳せずに事実を認めるなら、
「この人は間違うこともあるが
信頼できる人だ」と思ってくれるでしょう。

使命を果たす

たくさんの人の前に立つときでも、
緊張する必要はありません。
ただ、自分に与えられた使命を
精いっぱい果たせばいいのです。
誰も見ていなくても、
たくさんの人に見られていても、
それは全く変わりません。

4月26日

4月27日

感謝する心

自分を実際より高く評価している人は
「わたしとしたことが、
あれもできなかったし、これもできなかった」
と不満を言いながら一日を終え、
自分の実力を知っている人は
「こんなわたしが、
あれもできたし、これもできた」
と感謝して一日を終えます。

頭を休ませる

「あれもしなければ、これもしなければ」
と考え続けていれば、
せっかくの休みも休みになりません。
体を横たえても、
頭が働き続けていれば
疲れはとれないのです。
仕事のことはいったん脇に置いて、
頭をゆっくり休ませましょう。

4月28日

愛されたことの証《あかし》

誰からも愛されたことがない人など、
決していません。
自分ではなにもできない赤ん坊が、
誰の愛も受けずに
大きくなれるでしょうか。
今こうして生きているということ自体が、
どれだけ愛されてきたかの証です。

4月29日

感謝と謙虚さ

人間を成長させるのは、
厳しい訓練より、
むしろ誰かから愛される体験。
厳しい訓練は、それに耐えた自分への過信と
傲慢を生むことがありますが、
愛される体験は、愛してくれた人への感謝と
謙虚さを心に刻むからです。

4月30日

5

月

5月1日

貧困のない世界

一部の人たちだけに
富が集まるように作られた世界が、
長続きすることはありません。
踏みつけられた人たちが、
いつまでも黙っているはずがないからです。
分かち合うことで、
貧困のない世界を作ってゆきましょう。

5月2日

特別な力

相手の欠点を見つけ出すのが得意でも、
それはなんの自慢にもなりません。
人間が欠点だらけなのは
当たり前だからです。
どれだけ欠点だらけの人の中にも、
必ずいいところを
見つけ出すことができる力。
それこそ、讃えられるべき特別な力です。

5月3日

愛は自由にする

条件をつけて相手を縛るのは、
真実の愛ではありません。
真実の愛は、
無条件に受け入れることで
相手を自由にするもの。
「この人の前では、
ありのままの自分でいられる」
と感じさせる人こそ、
真実の愛を生きている人です。

生きているというだけで

空を飛ぶ鳥や、野を駆ける動物を見て
「社会の役に立たないから、生きる価値がない」
と思う人はいないでしょう。
むしろ、命の素晴らしさに感動するはずです。
社会の役に立たなくても、
精いっぱいに生きているというだけで、
命は限りなく貴いのです。

5月4日

5月5日

感動する心

小さな子どもたちにとって、
目に映るすべてのものは新鮮で、
驚きに満ちています。
大人にとって退屈な日常も、
小さな子どもたちには感動の連続なのです。
出会ったものに驚く心、
すべてのものに感動する心を、
小さな子どもたちに学びましょう。

優劣はない

人間のあいだに、
優劣は存在しません。
ただ一人ひとり、
できることが違うだけ、
与えられた役割が違うだけなのです。
自分に与えられた役割を
精いっぱいに生きている人は、
誰もが最高に輝いています。

5月6日

5月7日

本当にしたいこと

人生の意味は、
自分で見つけるしかありません。
人間は、自分が本当にしたいことを見つけ、
全力でそれに取り組んでいるとき、
「自分の人生には意味がある」
と感じるものだからです。
本当にしたいことを見つけられるのは
自分しかいません。

思いに導かれて

頭で考えるだけでは、
「すべき」ことは見つかっても、
「したい」ことは見つかりません。
大切なのは、
心の底から湧き上がる
「したい」という思いを感じ取ること。
本当に「したい」ことが見つかれば、
あとはその思いが
わたしたちを導いてくれるでしょう。

5月8日

5月9日

心の声を聞く

「あれもしなければ、これもしなければ」
と考えるのをやめ、深呼吸して、
心の声に耳を傾けてみましょう。
それだけで、
喜びがこみ上げてくるはずです。
あなたの心は、
あなたが耳を傾けてくれるのを
ずっと待っていたのです。

心のモヤモヤ

仕事をしていても、遊んでいても、
何か心の片隅に
モヤモヤ引っかかるものがある。
そんなときは、時間をとって、
そのモヤモヤと向かい合ってみましょう。
その中に、自分の本当の望みが
隠されているかもしれません。

5月10日

一日5分の祈り

一日のうち5分でも祈るなら、
残り23時間55分の質が
まったく変わります。
悲しみを喜びに、絶望を希望に、
不満を感謝に、心配を信頼に変えるもの、
それが祈りなのです。

5月11日

人生の目的

人間は、目的を達成するために
役立つことには意味があると感じ、
役立たないことには意味がないと感じます。
何をしても意味がないと
感じるようになったなら、
それは人生の目的を
見失ってしまったからかもしれません。

5月12日

5月13日

愛の報酬

誰かのために尽くしても、
見返りがあるとは限りません。
見返りを求めないで
自分を差し出すときに、
心の底から湧き上がる喜びこそ、
見返りを求めない愛の報酬なのです。

心の中に

掃除、洗濯、料理、
どれも形が残ることはありませんが、
そこに込められた愛は、
家族の心の中にいつまでも残ります。
愛のこもった日々の奉仕こそ、
形だけの高価なプレゼントより、
ずっとすばらしいプレゼントなのです。

5月14日

5月15日

心のお弁当

お弁当は食べれば消えてしまいますが、
お弁当に込められたお母さんの愛は、
子どもたちの心に残って
いつまでも消えることがありません。
苦しいときやくじけそうなときに食べる
心のお弁当、
人生を励ます心の糧となるのです。

世界を変える方法

料理や洗濯、
掃除などにこめられた愛は、
家族の心を満たし、
笑顔や思いやりとなって
職場や学校に広がってゆきます。
家族のために愛を捧げることこそ、
世界を変える一番確実な方法なのです。

5月16日

5月17日

愛された記憶

誰かから深く愛された記憶は、
決して消えることがありません。
普段は忘れていても、
本当に苦しいときにはよみがえって、
わたしたちをやさしく包み込み、
励ましてくれるのです。
愛は、決して死ぬことがありません。
愛は、いつまでも生き続けます。

最高のほめ言葉

「……だからあなたは素晴らしい」

というほめ言葉は、同時に
「……でなければあなたは素晴らしくない」

というメッセージを伝えてしまいます。

「あなたは、あなただというだけで素晴らしい」

それが最高のほめ言葉です。

5月18日

5月19日

原点を思い出す

目の前に大きな困難があるとき、
わたしたちには
その困難を乗り越えるという
明確な目標があります。
危険なのはむしろ、
困難を乗り越えて目標を見失ったとき。
何のために困難を乗り越えたのか、
原点を思い出しましょう。

小さな愛の光

暗闇の中で迷っている人にとっては、
ほんの小さな光が
大きな助けになります。
苦しんでいる人を助けるために、
何か大きなことをする必要はありません。
ほんの小さな
愛の光を灯すだけでいいのです。

5月20日

5月21日

相手の幸せ

どれほどうまくいっている関係も、
自分の幸せのために
相手を利用しようと思った瞬間から
壊れ始めます。
互いが相手の幸せを
第一に考え続けている限り、
その関係が壊れることはありません。

すべてを変える力

祈っても何も変わらない
と言いますが、たった一つだけ
変わるものがあります。
それは自分自身です。
自分が変わればすべてが変わります。
祈りには、
すべてを変える力があるのです。

5月22日

まずは自分自身

おぼれている人には、
他のおぼれている人を
助けることができません。
助けたいなら、
まず自分が救助されてからです。
悩みの相談もそれと同じ。
まず自分自身が救われないなら、
他の人を救うことはできません。

5月23日

仕事のやりがい

仕事の意味を見失うと、
その瞬間から、
これまで当たり前にしていた仕事が
耐えがたい苦役に変わります。
仕事の意味を
もう一度見つけられたなら、
その瞬間から、耐えがたい苦役は
やりがいに満ちた仕事に変わるでしょう。

5月24日

5月25日

光と闇

誰かを踏みつけて勝ち取った
地上の栄光など、
神さまの目から見たときには
闇でしかありません。
誰かのために自分を差し出すときに灯る、
小さな愛の光だけが、
この世界を照らす光なのです。

長続きの秘訣

日記を長続きさせるこつは、
書けない日があっても
気にしないことだそうです。
これはきっと、
どんな決心にも当てはまるでしょう。
完璧を求めないこと、
失敗しても諦めないことこそ、
長続きの秘訣なのです。

5月26日

5月27日

共に担う

苦しみは、
一人で担えば苦しみでしかありませんが、
誰かと共に担うなら愛に変わります。
苦しみが与えられるのは、
わたしたちが互いに助け合い、
愛し合うため。
わたしたちを不幸にするためではなく、
むしろ幸せにするためなのです。

立ち上がる

どん底にまで落ち込んだとき、
まるで目を覚ましたかのように、
大きな変化を遂げて立ち上がる人がいます。
かつて誰かから愛された記憶が、
その人をしっかり受けとめ、
立ち上がらせたのです。

5月28日

5月29日

自分をゆるす

相手がゆるしてくれたとしても、
「こんなことをしたのだから、
ゆるされるはずがない」
と自分で決めつけていれば、
ゆるされたことになりません。
自分で自分をゆるせない限り、
わたしたちは決してゆるされないのです。

自分はどうなのか

「誰もわたしを大切にしてくれない」

と嘆く前に、

「わたしは周りの人を大切にしているだろうか」

と自分に問いかけましょう。

「誰もわたしの話を聞いてくれない」

と嘆く前に、

「わたしは人の話をよく聞いているだろうか」

と自分に問いかけましょう。

5月30日

今できること

「これからどうなるんだろう」
と心配ばかりしていれば、
大切な今を無駄にしてしまいます。
そんな時間があれば、
「自分は、今できること、今すべきことを
きちんとしているだろうか」
と考えましょう。
未来は、今の延長線上にしかないのです。

5月31日

6

月

6月1日

「好き」と「愛する」

「好き」というのは、
相手が自分にとって好ましい限り、
その人と一緒にいるということ。
「愛する」というのは、
相手が好ましさをすべて失ったとしても、
その人がその人である限り
寄り添い続けるということです。

自分の立ち位置

思い上がっては失敗して落ち込み、
また思い上がっては失敗して落ち込む。
そんなことを
何十回、何百回と繰り返しているうちに、
きっといつか、
高すぎもせず低すぎもしない
自分の立ち位置を見つけられるでしょう。

6月2日

6月3日

損か得か

無駄だと思いながらやったことが、
後から必要だったと気づいたり、
必要だと思ってやったことが、
後から無駄だったと気づいたり。
そんなことが、よくあります。
自分にとって本当に必要なものがわかるまで、
何が損で何が得かはわからないのです。

顔を見る

悪口を言っている人の顔を、
よく見てみましょう。
本当に幸せそうな顔をしている人は、
決していないはずです。
悪口を言うのは、
その人の心が満たされていないしるし。
腹を立てるほどのことはありません。

6月4日

6月5日

どちらも最高

バラにはバラの美しさが、
タンポポにはタンポポの
美しさがあります。
どちらが優れていて、
どちらが劣っている
ということはありません。
どちらも、最高に美しいのです。

それぞれの役割

誰かと自分を比べて
「わたしは何もできない」と思ったときには、

「わたしにはあの人と違う役割がある」

と考え直しましょう。

「あの人は何もできない」と思ったときには、

「あの人にはわたしと違う役割がある」

と考え直しましょう。

6月6日

6月7日

認めがたい事実

撮った写真を見せて
怒られたことがあります。
「わたしはこんなに太っていない。
撮り方が悪い」と言うのです。
驚きましたが、よく考えると
わたしも同じことをしているかも。
人間は、認めがたい事実を
突きつけられると怒り出し、
相手のせいにするのです。

「思った通り」

思った通りに生きられない自分、
思った通りに動いてくれない相手、
思った通りにならない現実に腹を立て、
自分から不幸になってゆくわたしたち。
「思った通り」を手放せば、
きっと幸せになれるでしょう。

6月8日

愛とゆるし

誰かを愛するとは、
思った通りにならない相手をゆるし、
受け入れるということ。
自分を愛するとは、
思った通りにならない自分自身をゆるし、
受け入れるということ。
愛するとはゆるすこと、
ゆるすとは愛することなのです。

6月9日

自分を高める

悪口を言って他人を低めると、
まるで自分が高くなったように感じます。
ですが、それは錯覚に過ぎません。
自分自身を高めることで、
周りの人たちも高みへと引き上げてゆく。
それが本当の成長です。

6月10日

6月11日

謙虚な心で

「コンディションが悪いから」というのは、
言い訳になりません。
コンディションを
十分に整えられなかったことも含めて、
それが今の自分の実力なのです。
言い訳して逃げ出さず、
謙虚な心で現実に立ち向かいましょう。

相手の気持ち

追いつめられたときこそ、
相手の気持ちを想像することが大切。
怒りや恐れを追い払い、
冷静に相手の気持ちを想像すれば、
相手が次にどんな行動をとるか分かります。
反撃することや、
逃げることばかり考えていては、
相手のペースに巻き込まれるだけです。

6月12日

相手の問題

自分とぶつかった相手が、
他の人にも次々とぶつかっているなら、
それは自分の問題ではなく相手の問題。
いつまでも気にして、
くよくよする必要はありません。
むしろ、相手のために祈りましょう。

6月13日

幸せは手の中に

手に入れたもののことは忘れ、
まだ持っていないものを
追いかけてしまうわたしたち。
まだ持っていないものではなく、
もう持っているものに目を向け、
持っているものに感謝しましょう。
幸せになるために必要なものは、
もうわたしたちの手の中にあるのです。

6月14日

余分を削ぎ落とす

「写真は引き算」と言います。
余分なところは削ぎ落とし、
心を揺さぶる美しさだけを
写真に収めればよいのです。
文章を書くときも同じ。
余分な言葉は削ぎ落とし、
本当に伝えたい思いだけを
書けばよいのです。

6月15日

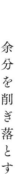

真の沈黙

口を閉じただけでは、
沈黙したことになりません。
口を閉じても心が
「ああでもない、こうでもない」
とおしゃべりを続けていれば、
沈黙したことにはならないのです。
執着を手放し、
すべてを委ねる心の安らぎの中にこそ、
真の沈黙があります。

6月16日

6月17日

怒りの原因

疲れているときに、
相手の何気ない一言に怒りを感じたなら、
その怒りは、
相手ではなく体の疲れが生んだもの。
その怒りは、
相手にぶつけるべき怒りではなく、
疲れが取れるまで
じっとこらえるべき怒りです。

心にもないこと

感情に押し流されて、
つい「心にもないこと」を
言ってしまうわたしたち。
口に出す前に、
自分の心が本当に望んでいることは
何なのかを確認しましょう。
相手を傷つけてしまってからでは、
もう遅いのです。

6月18日

愛の響き

自分のことを棚に上げて、
相手の欠点を指摘するなら、
その言葉は裁きの響きを持ちます。
自分にもたくさんの欠点があることを認め、
それでも相手のことを思って言うなら、
その言葉は愛の響きを持ちます。

6月19日

自然体が一番

自分を大きく見せようとする人は、
かえって、自分に自信がない人
と思われます。
しきりと自分をけなす人は、
かえって、自意識が過剰な人
と思われます。
自分にこだわらない、
自然体が一番です。

6月20日

愛の奇跡

奇跡とは、
ありえるはずのないことが
実際に起きること。
「わたしをこれほどまでに
大切にしてくれる人がいるなんて、
ありえないことだ」
と思わせるほど誰かを愛する人は、
確かに奇跡を起こす人です。

6月21日

感動を見つけだす

「感動は半径5m以内にある」と言います。
よく見れば、道端の花や
庭のスズメたちの中にさえ、
感動はあるのです。
感動を探し求めて、
遠くまで出かける必要はありません。
大切なのは、感動を見つけだす心です。

6月22日

真の平和

誰かの犠牲の上に成り立つ、
自分たちだけに都合のいい世界は
平和な世界ではありません。
平和な世界とは、
すべての人が、
人間らしく幸せに暮らせる世界。
家庭に、職場に、社会に、
真の平和を実現しましょう。

6月23日

心に届く言葉

一人の心に届く言葉は、
すべての人の心に届きます。
一人の心にも届かない言葉は、
誰の心にも届きません。
たくさんの人にメッセージを届けたいのなら、
まず目の前の一人に全力を集中しましょう。

6月24日

別の物差し

意識していなかった自分のよさを
人からほめられたとき、
わたしたちは人間を測る物差しが
一つでないことに気づかされます。
自分はだめだと決めつけて
落ち込んでいる人がいたなら、
その人のよさを見つけて
ほめてあげましょう。

6月25日

自分の絵

たとえ完璧でなくても、
精いっぱい描き上げられた絵には
無限の価値があります。
その絵は、世界でたった一人、
自分にしか描けない絵だからです。
完璧な絵を描くことではなく、
世界でたった一枚だけの
自分の絵を描くことを目指しましょう。

6月26日

不完全さの意味

一人でもさびしくない人がいれば、
その人は、誰かと愛し合う喜びを
味わうことがないでしょう。
一人で何でもできる人がいれば、
その人は、みんなで何かを
成し遂げる喜びを
味わうことがないでしょう。
人間の不完全さには、
ちゃんと意味があるのです。

6月27日

人を助けるための力

自分のためにやろうとすると
うまく行かないことでも、
誰かのためにやろうとすると
うまく行くことがあります。
人間には、自分のためではなく、
誰かを助けるためだけに
与えられた力があるのです。

6月28日

6月29日

周りの人たちも

疲れ切っているときには、
疲れているのは自分だけだと思いこみ、
周りの人のことを
考えられなくなってしまいがちです。
わたしたちが疲れているときには、
周りの人たちも疲れている。
そのことを忘れないようにしましょう。

自分を差し出す

愛するとは、
自分にとって大切なものを
相手のために差し出すということ。
自分自身を大切に思えない人が、
どれだけ自分を差し出したとしても、
それは愛ではありません。
愛はまず、自分自身を
大切にすることから始まるのです。

6月30日

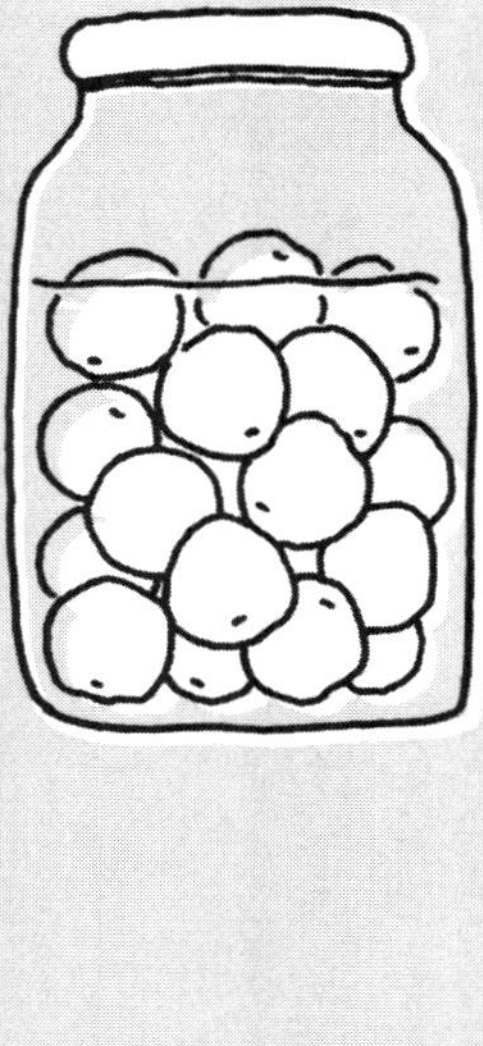

7月

7月1日

受信モード

「雑念をなくさなければ」と思えば、
ますます雑念が湧き上がってきます。
心を空にしたいなら、
聞こえてくる音にじっと耳を澄ますこと、
目の前にあるものをじっと見つめること。
心を発信モードから、
受信モードに切り替えることです。

しっかり背負う

「あれも、これも」と欲を出し、
手にも首にも肩にも
荷物をぶら下げて歩けば、
すぐに疲れてしまいます。
本当に運ぶべき荷物だけを選び出し、
両肩でしっかり背負えば、
もっと楽に歩けるでしょう。

7月2日

7月3日

愛する勇気

思い切って自分を差し出しても、
受け入れてもらえないかもしれません。
ですが、傷つくのを恐れて
自分を差し出さなければ、
いつまでたっても
愛の喜びを味わうことはできません。
愛するとは、危険を承知で
自分を差し出す決断なのです。

あなたが大切

自分のことばかり話す人は、
「あなたになんか関心がない。
大切なのはわたしだ」
というメッセージを相手に伝えます。
相手の話にじっと耳を傾ける人は、
「あなたにとても関心がある。
あなたは大切な存在だ」
というメッセージを伝えます。

7月4日

消化する時間

おいしいものを
一度にたくさん食べても、
消化できなければ
体の栄養にはなりません。
心の栄養もそれと同じ。
一度にたくさんの話を聞いたり、
本を読んだり、映像を見たりしても、
ゆっくり消化する時間がないなら
力にならないのです。

7月5日

それにもかかわらず

「たくさんの欠点があるわたしを、
それにもかかわらず愛してくれた」
という驚きが、愛される喜びを生みます。
「わたしはあれもできるし、これもできるから、
愛されるのが当然だ」と思っている人は、
一生愛される喜びを知らずに終わるでしょう。

7月6日

愛は祈り

愛が相手に届くとは限らないし、
理解されるとも限りません。
ですが、いつか必ず届く、
きっと分かってもらえると信じて、
祈るような気持ちで捧げ続けましょう。
すべての愛は、本質的に祈りなのです。

7月7日

嘘のない人生

上手な嘘で相手をだますことができても、
自分をだまし続けることはできません。
わたしたちの心は、
嘘の重さにいつまでも耐えられるほど
丈夫ではないのです。
嘘をつく必要がない人生、
ありのままの自分に
誇りを持てる人生を選びましょう。

7月8日

7月9日

誰かのために

「何のために、
こんなことをしなければならないんだ」
と思えて仕事に身が入らないときは、
その仕事を「誰のために」しているのか
思い出しましょう。
自分のためにはできないことも、
愛する誰かのためならできる。
それが人間の不思議さです。

心の中から

外からやってくる大きな音や、
強い刺激の中に幸せはありません。
幸せは、心の中から
静かに湧き上がってくるもの。
「わたしは愛されている。
そして、誰かを愛している。
生まれてきてよかった」。
心の底からこみ上げる、
その実感こそ幸せなのです。

7月10日

7月11日

自分に打ち克つ

人間の強さは、
自分自身との戦いの中でこそ
発揮されるもの。
傲慢な自分、飽きっぽい自分、
臆病な自分に
打ち克つことができたなら、
その人こそが本当に強い人。
強くなりたいなら、
まず自分自身と戦いましょう。

「裸の王様」

「裸の王様」は、
子どもに笑われるまで
自分が裸だと気づきませんでした。
名誉や権威などによって
自分を飾りたてた人は、
誰かに笑われるまで、
その服が他の人の目には見えないこと、
自分は裸であることに気づかないのです。

7月12日

自分を誇る

何かができる自分を誇る人の心には、
自分よりできない人への軽蔑と、
自分よりできる人への劣等感があります。
何もできなかったとしても、
精いっぱいに生きる自分を誇る人の心には、
精いっぱいに生きるすべての人への
尊敬と愛情があります。

7月13日

ゆっくりと

理想の自分と、
理想通りに生きられない自分が
ぶつかり合うとき、
わたしたちの心に苦しみが生まれます。
はじめから
理想通りに生きられる人などいません。
あせらず、ゆっくりと
理想に近づいてゆきましょう。

7月14日

7月15日

心を満たす

欲しい物をすべて手に入れても、
それだけで心が
満たされることはありません。
心の虚しさを埋められるのは、
人と人との間に生まれる愛だけ。
手に入れることより、
むしろ分かち合うことを考えましょう。

下りてゆく

崖から落ちて骨折し、
苦しんでいる人に、上から
「大丈夫だー。登ってこいー」と叫んでも、
何の役にも立ちません。
低い所で苦しんでいる人を助けたいなら、
自分も低い所まで
下りてゆく必要があるのです。

7月16日

与えられた命

死ぬときのことを想像して
恐れを感じることはあっても、
生まれたときのことを想像して
感謝することは少ないわたしたち。
命を失うことを恐れるよりも、
命を与えられたことを感謝しましょう。

7月17日

仕上げる

たくさんの仕事を
効率よく片付けようとすると、
一つひとつの仕事が雑になります。
大切なのは、目の前の仕事に集中し、
一つひとつ真心込めて仕上げてゆくこと。
片付けたものは
どこかに消えてしまいますが、
仕上げたものはいつまでも残ります。

7月18日

7月19日

色あせない夢

ほとんどの夢は、
かなった瞬間から色あせ始めます。
「こんなはずじゃなかった」
と後悔することがないように、
「それさえ実現できれば、
何があっても後悔しない」
と言い切れる夢だけを追いかけましょう。

幸せになる資格

「あんな罪を犯した自分には、
幸せになる資格がない」
と思いつめる必要はありません。
悔い改めて、
同じ間違いを繰り返さないこと。
自分にできる限りのことをして
周りの人たちを幸せにし、
自分自身も幸せに生きることこそ、
何よりのつぐないだからです。

7月20日

心の深みで

心の深みから話す人は、
相手の心の深みにまで
言葉を届けることができます。
心の深みで聞く人は、
相手の心の深みにある言葉を
引き出すことができます。
頭でなく心で話す人、
心で聞く人になりましょう。

7月21日

愛し合うために

周りの人を危険なライバルと思いこみ、
争い合って生きる人生と、
周りの人を大切な仲間と信じ、
助け合って生きる人生。
一体どちらが幸せでしょう。
わたしたちは、競い合うために
生まれてきたのではありません。
愛し合うために生まれてきたのです。

7月22日

7月23日

永遠の愛

条件付きの愛は、
相手が条件を満たさなくなれば
消えてしまいます。
無条件の愛は、
相手に何が起ころうと
決して消えることがありません。
「永遠の愛」とよく言いますが、
真実の愛は、初めから
その中に永遠を含んでいるのです。

素直に謝れる人

何かを間違うのは
その人の能力の問題ですが、
犯した間違いを否定するのは
その人の人格の問題。
間違いを素直に認めて謝れる人は、
仮に能力を疑われることがあったとしても、
人間性を疑われることはありません。

7月24日

7月25日

ヒーローの条件

驚くべき能力で人々を救う
スーパーマンになれなくても、
自分を差し出すことで相手を幸せにする
アンパンマンにはなれます。
ヒーローになるために必要なのは、
相手を助けたいと願う気持ちと、
自分を差し出す勇気だけなのです。

かけがえのない命

「この命には生きる価値があり、
あの命には生きる価値がない」
と決められる人はいません。
「わたしの命の方が、
あの人の命より価値がある」
と言える人もいません。
障がいのある人もない人も、
神さまの前ではまったく同じ、
かけがえのない命なのです。

7月26日

心の立ち位置

傲慢な心で上から見下ろすか、
謙虚な心で下から見上げるか。
それによって
世界の見え方はまったく変わります。
世界を変えることができないならば、
心の立ち位置を変えてみましょう。

7月27日

手の温もり

病気や怪我で苦しんでいるとき、
その苦しみの半分は不安と恐れ。
だから、誰かがそばにいて
手を握ってくれるだけで、
苦しみは半分に減るのです。
どんなに高価な鎮痛剤も、
人間の手の温もりにはかないません。

7月28日

幸せになるには

わたしたちの幸せは、
他の誰かを
幸せにすることの中にあります。
自分が幸せになることしか
考えていない人が、
いつまでたっても
幸せになれないのはそのためです。
幸せを願うなら、
まず誰かを幸せにすることを考えましょう。

7月29日

身のほどを知る

大人になるとは、
成功と失敗を繰り返しながら、
自分に何ができて、何ができないのかを
知ってゆくということ。
喜びと苦しみの中で、
自分に与えられた役割を
知ってゆくということ。
「身のほど知らず」の自分が、少しずつ
身のほどを知ってゆくということです。

7月30日

なぜ痛むのか

孤独の痛みは、わたしたちが
愛し合うために生まれてきたことを
思い出させるために、
無力さの痛みは、わたしたちが
助け合わずに生きられないことを
思い出させるためにあります。
愛し合い、助け合って生きるなら、
その痛みは消え去るでしょう。

7月31日

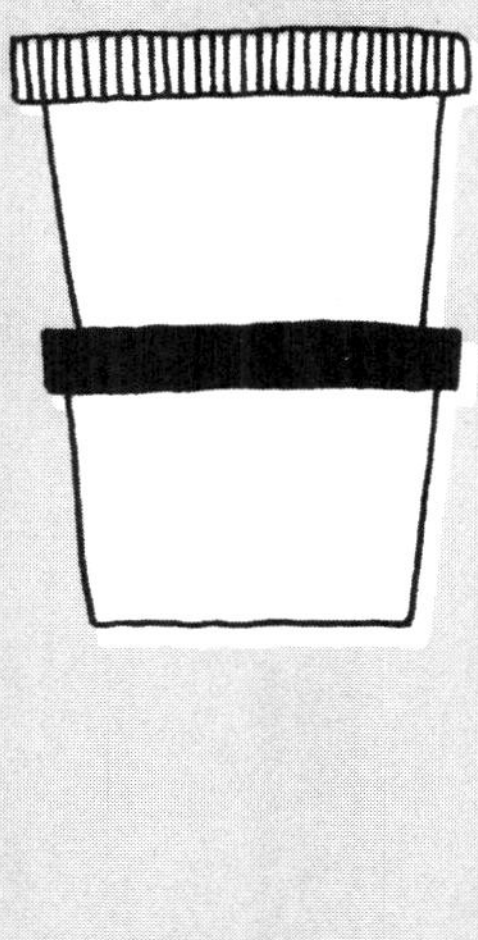

8月

8月1日

平和を作り出す

自分から先に謝ったとしても、
負けたことにはなりません。
むしろ、憎しみに打ち勝ち、
平和を作り出したのです。
本当に偉大なのは、
相手に勝つことより、
憎しみに打ち勝ち、
平和を作り出すことです。

苦しみの中にこそ

苦しみの中で、わたしたちは
自分のどこが弱いか知ることができます。
弱さを知って
謙虚さを身に着けることができます。
自分と同じ苦しみを味わっている人に
共感できるようになります。
人間の成長は、
苦しみの中にこそあるのです。

8月2日

8月3日

新しい自分

人を自分の思った通りに
動かすことはできない。
それどころか、
自分自身さえ思った通りに
動かすことができない。
苦しみの中でその事実に気づき、
神さまの力に身を委ねるとき、
わたしたちは
新しい自分に生まれ変わります。

手を差し伸べる

相手が怒りと憎しみの泥沼にはまって
悪口を叫んでいるとき、
自分まで同じ泥沼に
飛び込む必要はありません。
むしろ、いたわりと優しさの岸にとどまって、
相手に助けの手を差し伸べましょう。

8月4日

本当の友だち

相手が失敗したときには同情できても、
成功したとき一緒に喜ぶのは
意外と難しいもの。
相手が苦しんでいるときは
自分自身のことのように苦しみ、
相手が喜んでいるときは
自分自身のことのように喜ぶ。
それが本当の友だちです。

8月5日

すべての人の平和

「わたしたちの平和を守る」と言うとき、
「わたしたち」が自分の家族のことだけなら、
隣の家族とけんかになるでしょう。
自分の国のことなら、
隣の国とけんかになるかもしれません。
「わたしたち」が
地球上のすべての人になったとき、
初めて平和が実現するのです。

8月6日

無駄づかい

人間同士がいがみ合い、
互いの足を引っ張り合うことこそ、
最大のエネルギーの無駄づかい。
そのエネルギーを、
互いに助け合い、
高め合うことに使うなら、
この世界は、
いまよりずっと
よくなるに違いありません。

8月7日

ともに生きてゆく道

相手の考え方を
否定することはできても、
そのような考え方をする
相手の存在を否定し、
消してしまうことはできません。
相手のよいところを見つけ出し、
ともに生きてゆく道を探しましょう。

8月8日

8月9日

話し合ってこそ

「平和、平和」と言うだけで、
平和は実現しません。
自分自身の心の中にある
敵意の壁を取り除き、
相手の話に謙虚な心で耳を傾け、
互いに納得できる答えが見つかるまで
話し合うことによってのみ、
平和は実現するのです。

ゆるせる強さ

人をゆるせるのは、
怒りや憎しみの感情に
打ち克つことができる人だけ。
すぐ感情に押し流されてしまう弱い人に、
人をゆるすことはできません。
人をゆるすのは、
弱さではなく、強さのしるしなのです。

8月10日

8月11日

平和な社会

たった一人でも
存在を否定された人がいる限り、
その社会に平和が訪れることはありません。
自分の存在を否定された人が、
黙っていなくなるはずがないからです。
平和な社会とは、すべての人が
自分の居場所を見つけられる
社会のことなのです。

壁を壊す人

自分の利益しか考えない人たちが、
自分の利益を守るため、
世界中のあちこちに壁を作ります。
自分の利益をまったく考えない人たち、
ただ愛のためだけに生きる人たちが、
その壁を壊してゆきます。
壁を作る人ではなく、
壊す人になりましょう。

8月12日

近くの友だち

遠くにいる人と
仲良くするのは簡単ですが、
近くにいる人と
仲良くするのは簡単ではありません。
ですが、さまざまな困難を乗り越えて
仲良くなることができたなら、
近くにいる人ほど頼りになる
友だちはいないのです。

8月13日

祈ることだけ

「こんなに謝ったのに、
なぜゆるしてくれないんだ」
という主張には無理があります。
相手が心にどれだけ深い傷を負ったか、
こちらにはわからないからです。
わたしたちにできるのは、
相手の心の傷が癒やされるよう
ただ祈ることだけです。

8月14日

自分の心から

自分の心にさえ
平和を実現できないなら、
世界に平和を
実現できるはずがありません。
平和は、まず自分自身の心から。
怒りや憎しみに打ち勝ち、
富や名誉、権力への執着を手放して、
心に平和を実現しましょう。

8月15日

まだできること

できなくなってしまったことを
嘆いていても、
状況は悪くなるばかり。
そんな時間があれば、
まだできることを探しましょう。
それがどんなに小さなことでも、
真心を込めて取り組むなら、
道は必ず開けます。

8月16日

8月17日

自分に尋ねる

判断に迷ったとき、
「周りの人がどう思うだろうか」
と考えていては、
正しい答えにたどり着けません。
迷ったときには、
誰よりも自分自身の心に
「お前は何がしたいんだ」と尋ねましょう。
正しい答えは、自分の心だけが知っています。

物語の主人公

人生が一つの物語だとすれば、
わたしたちはそれぞれの物語の主人公。
試練に直面して主人公が逃げ出せば、
物語は台無しになってしまいます。
主人公が厳しい試練を
乗り越えれば乗り越えるほど、
その物語は
人々の心に響く物語になってゆきます。

8月18日

受け入れてくれる人

ありのままの自分を受け入れるべきだと
教えてくれる人に出会っても、
それだけでは何も解決しません。
ありのままの自分を
受け入れてくれる人と出会えたとき、
わたしたちは
ありのままの自分を
受け入れることができるのです。

8月19日

シンプルな生活

生きていくために
本当に必要なものが何か分かっている人は、
必要ないものを迷いなく捨てられますが、
分かっていない人は捨てられません。
シンプルな生活を目指すなら、
まず、生きていくために
本当に必要なものを見極めましょう。

8月20日

8月21日

本当の賢さ

知らないことまで
知っていると思いこみ、
人の話に耳を傾けない人は、
自分が思っているほど賢くありません。
本当に賢いのは、自分にはまだ
知らないことがたくさんあるのを知り、
人の話に耳を傾けられる人です。

命より大切なもの

殉教と聞くと、
「命より大切なものなどあるはずがない」
という人がいます。
ですが、命より大切なものを
見つけられずに生きることは、
本当に幸せなのでしょうか。
命をかけても惜しくないとさえ
思えるほど大切なものを見つけたとき、
わたしたちの命は輝き始めます。

8月22日

当たり前のこと

困っている人がいれば助ける。
悪口を言わない。約束を守る。
嘘をつかない。
当たり前のことのようですが、
それがなかなかできません。
そんな人間として当たり前のことを、
当たり前にできる人こそ、
本当にすごい人です。

8月23日

他人の悩みなら

悩んでも答えがでないときは、
友だちが自分に
同じ悩みを相談してきたら
どう答えるか考えてみましょう。
自分の悩みには
正しい判断ができないときでも、
他人の悩みになら
正しい判断ができるものだからです。

8月24日

響きあう心

心と心は響きあいます。
荒々しい旋律を奏でる心に近づけば、
近づいた人の心もかき乱されるし、
穏やかな旋律を奏でる心に近づけば、
近づいた人の心も静かに整えられるのです。
目に見えなくても、
耳に聞こえなくても、
心と心は響きあいます。

8月25日

無駄の中にこそ

自分の利益にならないことを、
「無駄なことだ」と切り捨ててゆくと、
最後には人生そのものが
無駄なことのように思えてきます。
人生の意味は、
自分の利益にならないこと、
自分以外の誰かのために
尽くすことの中にこそあるのです。

8月26日

8月27日

神さまの勝ち

誰かとけんかをしたときは、

「自分が勝つか、相手が勝つか」

と考えず、

「悪魔が勝つか、神さまが勝つか」

と考えましょう。

憎しみに負ければ悪魔の勝ち、
愛が憎しみを打ち破れば神さまの勝ちです。

悪魔の挑発

相手に憎しみの炎を燃やすなら、
相手の心の中に入り込んで
荒れ狂っている悪魔が大喜びします。
憎しみの炎以上に、
悪魔を喜ばせるものはないのです。
燃え上がった炎は、
双方を焼き尽くすまで消えません。
悪魔の挑発に気をつけましょう。

8月28日

誘惑を追い返す

誘惑は、
たちの悪い押し売りと同じで、
いったん中に入れてしまうと
追い出すのが大変です。
誘惑が心の扉を叩いたら、
決して中へ入れず、
「あなたの話を、
聞いている暇はありません」
と言って追い返してしまいましょう。

8月29日

神さまの呼びかけ

申し分のない仕事についたのに
「本当にこのままでいいんだろうか」
という疑問が湧き上がり、
どうしても振り切ることができないなら、
それは神さまからの呼びかけかもしれません。
「本当の使命に目覚めなさい」と、
神さまが呼びかけているのです。

8月30日

何よりの反論

根も葉もない噂話や悪口に、
いちいち反論する必要はありません。
そんな時間があれば、
自分に与えられた使命に、
ますます一生懸命に取り組みましょう。
輝いて生きるわたしたちの姿こそ、
何よりも力強い反論なのです。

8月31日

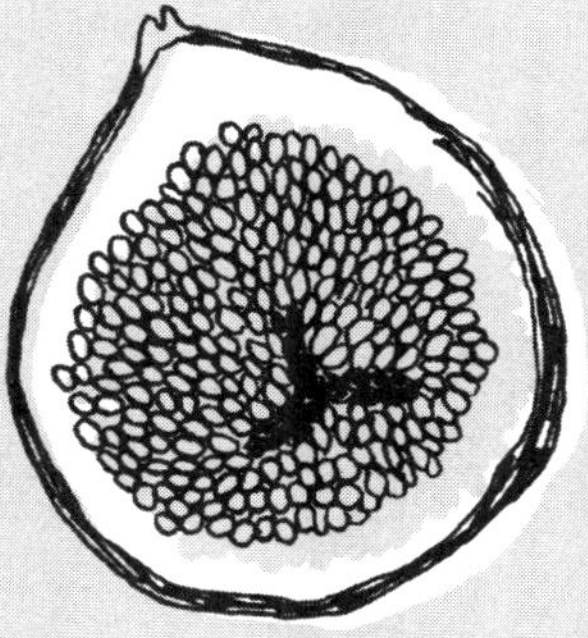

9月

待っていてくれる人

仕事が忙しいときには、
「なぜわたしだけ、
こんなに働かなければならないのか」
と考えず、
「こんなにもたくさんの人が
わたしを必要としてくれている」
と考えましょう。
待っていてくれる人たちがいるのです。
その人たちのために働きましょう。

9月1日

自分の小ささ

本当に偉大なものと出会ったとき、
わたしたちは自分の小ささを知って
謙虚になります。
偉大なものと出会った自分を誇り、
傲慢になるなら、その人はまだ
本当に偉大なものと
出会ったことがないのです。

9月2日

一輪の花

どんなに荒れ果てた庭も、
花が一輪咲けば、
すっかり雰囲気が変わります。
誰かの、たった一つのほほ笑みで、
荒れ果てた心にも一輪の花が咲きます。
一輪の花を咲かせる人になりましょう。

9月3日

何屋なのか

おそば屋さんが店を繁盛させたいなら、
おいしいコーヒーをいれたり、
手の込んだデザートを準備したりするより、
まずおいしいおそばを打つこと。
人々が自分に求めていることは何なのか、
自分は何屋なのかを
忘れないようにしましょう。

9月4日

9月5日

放っておけない

「愛を生きる」とは、
「誰かが苦しんでいるなら、
放っておくことはできない」ということ。
苦しんでいる人たちを置き去りにして、
自分だけ幸せになることはできない。
自分がどうなっても、
苦しんでいる人たちのために
何かせずにいられない。
それが、愛を生きる人の心です。

できる限りのこと

できると思っていることと、
実際にできることの間の差が広がると、
そこにあせりが生まれます。
思ったほどはできないことを素直に認め、
「できる限りのことを、
真心を込めて精いっぱいにしよう」
と考えれば、
あせりは消え去るでしょう。

9月6日

9月7日

謙遜と卑屈

謙遜と卑屈は違います。
自分が取るに足りない
存在であることを受け入れ、
すべてに感謝するのが謙遜な人。
自分が取るに足りない存在であることを
なかなか受け入れられず、
苛立ちや嫉妬をため込むのが卑屈な人です。

愛の炎

愛は、油を注ぎ続けなければ
消えてしまうランプのようなもの。
手に入れたと思って油断すれば、
愛の炎は小さくなり、
やがて消えてしまうのです。
いたわりや思いやりの油を、
絶えず注ぎ続けましょう。

9月8日

9月9日

口に出さないだけ

人間は誰でも、一つや二つ、
口に出せないくらい苦しい思いを
抱えて生きています。
「自分だけ、なぜこんな目に」
と思ったときには、
「口に出さないだけで、
みんな頑張って生きている」
ということを思い出しましょう。

コインの表と裏

自慢話と人の悪口は、
自信のなさというコインの表と裏。
自分の人生に納得し、
自信を持って生きている人は、
自慢話をすることも
人の悪口を言うこともありません。
人と自分を比較する必要などないと
知っているからです。

9月10日

9月11日

ゆるせるうちに

燃え上がった憎しみの炎は、
楽しく過ごせたはずの
すべての時間を焼き尽くし、ついには
人生そのものを台無しにしてしまいます。
憎しみが生まれたなら、
燃え上がる前に消してしまうこと。
まだゆるせるうちに、
相手をゆるしてしまうことです。

必要な道

人生にまわり道などありません。
どれほど遠回りに見えても、
その道を通らなければ
本当の道を見つけられなかったとすれば、
その道も必要な道だったのです。
本当の道は、長い道のりを通って、
自分が本当の自分になったときに
見つかるのです。

9月12日

棚上げにする

小さなことで友だちと意見が対立したら、
けんか腰にならず、
その問題をしばらく棚上げにしましょう。
友情が深まり、互いの考え方や感じ方、
それらを生んだ人生の歩みを
理解できるようになれば、
対立はきっと乗り越えられるでしょう。

9月13日

プロセスに学ぶ

誰かが手に入れた地位や名声を、
ただうらやましがっても仕方ありません。
その人たちにも、
目立たない場所で
努力を重ねた日々があったのです。
結果を見てうらやましがるのではなく、
プロセスを見て学びましょう。

9月14日

9月15日

小刻みに歩く

山歩きで疲れないこつは、
一歩一歩を小さく踏み出すこと。
大きく踏み出せば早く歩けるし、
気分もいいのですが、
膝に負担がかかって長続きしません。
人生の歩みにも、
きっと同じことが言えるでしょう。

大きな勘違い

どんなに出世して偉くなっても、
家族から見ればただの人。
勘違いして偉そうな態度をとり、
家族から嫌われてしまえば
元も子もありません。
家族あっての自分だということを、
決して忘れないようにしましょう。

9月16日

役に立つアドバイス

もっともらしい答えを
教えてくれるアドバイスは、
何の役にも立ちません。
役に立つのは、
自分自身と向かい合うのを
助けてくれるアドバイス。
本当の答えは、
自分自身の中にあるのです。

9月17日

生き方の美しさ

苦しんでいる人、
助けを必要としている人のために
自分を捧げて生きる人を見るとき、
わたしたちは美しいと感じます。
それは、顔立ちや服装ではなく、
生き方そのものから生まれる美しさ。
歳を重ねれば重ねるほど
輝きを増す美しさです。

9月18日

弱さと強さを知る

大きな試練に直面したとき、
わたしたちは
何もできない自分の無力さに
打ちひしがれると同時に、
それほどの困難からでさえ立ち上がれる
自分の力に気づきます。
大きな試練の中で、わたしたちは
これまでに知らなかった
自分の弱さと強さを知るのです。

9月19日

時間をかけて

暴力をちらつかせれば、
話し合う時間を省略することができます。
しかし、暴力によって実現した平和は、
やがて暴力によって覆される平和です。
真の平和は、相手の自由を尊重し、
時間をかけて話し合う中でこそ
生まれてくるのです。

9月20日

9月21日

正しいときほど

正しい言葉は、
ときに人をひどく傷つけるもの。
自分の言い分が正しければ正しいほど、
その言葉を受けとめる人の気持ちを考え、
慎重に話す必要があります。
愛のない正義が生むのは、
怒りや反発、争いだけです。

形を与える

愛に結婚という形を与えるのは、
大切な愛を守るため。
その形によりかかり、
守りたかった愛を
見失ってしまうなら本末転倒です。
なぜ形が生まれたのか、
原点を忘れないようにしましょう。

9月22日

9月23日

本当に必要なもの

どうしても欲しいと思って
手に入れたものが、
手に入れたら別に欲しくなくなった。
そんなことがときどきあります。
わたしたちは、
自分に本当に必要なものが
わかっていないのです。
欲しいものをすべて手に入れても、
それが幸せとは限りません。

よく生きる

疲れた体を無理に動かそうとしたり、
心の動きを頭でがっちり
コントロールしたりしていては、
よく生きることができません。
よく生きるとは、
体と心と頭が、調和のうちに
一つの目標に向かって
進んでゆくことなのです。

9月24日

9月25日

苦しみを受けとめる

悩みを打ち明けられたとき、
相手を助けようと
あれこれアドバイスする必要はありません。
ただ、相手の苦しみを
自分のことのように受けとめればいいのです。
「苦しみを分かってもらえた」と感じるだけで、
その人の悩みは半分になるでしょう。

痛みゆえの叫び

体に傷を負った人が、
痛みに耐えかねて叫び声をあげるように、
心に傷を負った人も、
痛みに耐えかねて叫び声をあげます。
どうしていいかわからないまま、
暴言を吐いたり、
周りの人にあたったりするのです。
その傷が癒されるよう祈りましょう。

9月26日

命の交響曲

人間の命が、数十億の人々が奏でる
一つの交響曲だとすれば、
指揮者は神さま。
わたしたちは、
自分に与えられたパートを奏でては
退場していく奏者です。
もし出番が短かったとしても、
その音がなければ交響曲は
不完全なものになるでしょう。

9月27日

愛で包み込む

ある種の貝は、
体内に入り込んだ異物を
何重にも包み込んで
美しい真珠を生みだします。
わたしたちの心に入り込んだ
誰かの悪意や耳障りな言葉も、
忍耐や寛容、すべてをゆるす愛で
何重にも包み込むなら、
きっと美しく輝き始めるでしょう。

9月28日

9月29日

支えあう

相手のことはもちろん、
自分自身のことさえ
よく分かっていないわたしたち。
そんなわたしたちが、
互いに裁きあい、傷つけあって、
いったい何になるでしょう。
むしろ、互いの無力さをいたわり、
互いに支えあいましょう。

自分を乗り越える

苦しみを乗り越えるとは、
苦しみの中でくじけそうになる
自分を乗り越えるということ。
最後まで希望を捨てず、
あきらめて自暴自棄にならなければ、
どんな苦しみも
乗り越えることができるでしょう。

9月30日

10
月

10月1日

批判されなくなれば

批判されるのを嫌がり、
むきになって反論していれば、
やがて誰からも批判されなくなるでしょう。
ですが喜んではいけません。
それは、親切に注意してくれる人をなくし、
陰で悪口を言う人を増やしたということに
すぎないからです。

小さなチャンス

「こんな小さな仕事、
やっても仕方がない」
と思ってすれば、
実際に小さな成果しか出せません。
「小さな仕事だが、
この小さなチャンスに全力を尽くそう」
と思ってすれば、
予想をはるかに越える成果が生まれます。

10月2日

10月3日

呼吸を整える

焦ったり、
不安にとりつかれたりしたとき、
わたしたちの呼吸は浅くなっています。
そんなときは、
ゆっくり息を吐き出しましょう。
そして、新鮮な空気を
深く吸い込みましょう。
呼吸が整えば、
心も少しずつ整ってゆきます。

お風呂の効用

追い詰められ、
深呼吸するのさえ難しいときは、
温かいお風呂に入りましょう。
自然と深い呼吸ができるようになります。
ゆっくり呼吸しているうちに、
焦りや不安、
よくない考えはどこかに消え、
心に力がよみがえってくるでしょう。

10月4日

10月5日

言葉をあたためる

頭で考えただけの言葉は
冷たく響きますが、
心の中から湧き上がる言葉には
ぬくもりがあります。
心を満たしたやさしさや思いやりが、
言葉をあたためるからです。
相手に差し出す前に、
言葉を心の中であたためましょう。

10月6日

自分の大切さ

「あなたは、かけがえのない存在だ」
と伝えるための唯一の方法は、
相手をかけがえのない存在として
大切にすること。
人間は、大切にされることによって
はじめて自分の大切さに気づくのです。

受け入れる

弱くて欠点だらけの自分自身を、
それでもかけがえのない大切な命として
受け入れることができたなら、
同じように弱くて欠点だらけの相手を、
それでもかけがえのない大切な命として
受け入れることができるようになるでしょう。

10月7日

自分の足で立つ

互いにもたれ合わなければ
立っていることができない二人は、
どこにも進んでゆくことができません。
自分の足でしっかりと
立つことができる二人だからこそ、
一つの目的に向かって
一緒に進んでゆくことができるのです。

10月8日

自分に関心を持つ

他人の話を聞くのには熱心でも、
自分自身の心の声に
耳を傾けようとはしないわたしたち。
ときには、沈黙の中で
自分自身の思いに
耳を傾ける時間を持ちましょう。
自分にもっと、関心を持ってあげましょう。

10月9日

天国への入り口

田舎も都会も、関係ありません。
世界中どこに住んでいたとしても、
天国からの距離はみな同じだからです。
自分に与えられた場所で
精いっぱいに生きるなら、
どんな場所でも、
そこが天国への入り口です。

10月10日

10月11日

自分の敵は自分

大失敗をしたり、
人生の計画が狂ったりしたとき、
「こんなはずではなかった」
という思いが
わたしたちを追い詰めてゆきます。
わたしたちを苦しめるのは、
起こった出来事ではなく、
実は自分のプライドなのです。
自分で自分を苦しめるのはやめましょう。

なぜ落ちるのか

物が落ちるのはなぜでしょう。
それは、高い所にあるからです。
初めから低い所にあるものは、
決して落ちることがありません。
人間の心にもこの法則が当てはまります。
高ぶった心は落ち込みますが、
へりくだった心は
決して落ち込むことがないのです。

10月12日

10月13日

対等な交わり

相手の言うことを何でも肯定し、
相手の気に入るように行動する。
それは、服従であって、
愛ではありません。
相手を、そして自分自身を
幸せにできるのは、服従ではなく、
対等な交わりの中に生まれる愛だけです。

安らぎを生む人

状況をコントロールし、
相手を自分の思うままに
動かそうとする人の周りには、
いつも緊張がただよいます。
状況を受け入れ、相手の思いを
受けとめようとする人の周りには、
いつも安らぎがあります。

10月14日

10月15日

動き出すまで待つ

止まっているように見えるパソコンも、
中では問題を修復するために
無数の計算が行われています。
止まっているように見える人の中でも、
立ち直るために
無数の葛藤が行われているかもしれません。
いら立たず、動き出すのを待ちましょう。

ストップのサイン

どんな困難でも、
頑張って乗り越えればいい
というわけではありません。
もしその困難が
神さまの置いたストップのサインなら、
乗り越えた先には断崖絶壁が
待っているかもしれないのです。
乗り越えようとする前に、
立ち止まってよく考えましょう。

10月16日

10月17日

見返りがなくても

「わたしがこんなに愛しているのに、
なぜあなたは愛してくれないの」
と相手を責めるとき、
わたしたちが愛しているのは、
相手ではなく自分自身。
誰かを愛するとは、
ただ相手の幸せを願い、
見返りがなくても
自分を差し出してゆくことなのです。

自分のいる場所

緯度と経度さえ確かめれば、
地球上のどこでも
自分のいる場所が分かります。
人生の地図もそれと同じ。
神さまとの関係、
人間との関係で位置を確かめれば、
自分がどこにいるか分かります。
迷子になることはありません。

10月18日

手を放す

何かにしがみついている限り、
前に進むことはできません。
しがみついているものの周りを、
ぐるぐる回ってしまうからです。
前に進みたいのなら、
しがみついているものから
手を放しましょう。

10月19日

使っているうちに

広告で見た「あれば便利そうな物」が、
手に入れて使い始めると「必要な物」になり、
しばらく使っているうちに
「なくてはならない物」になります。
こうしてわたしたちは、少しずつ
物に縛られてゆくのです。
本当に必要なものを、
しっかり見極めましょう。

10月20日

10月21日

言葉にならない思い

相手の質問に、
正面から答えるのが
よい答えとは限りません。
相手がなぜその質問をしたのかを感じ取り、
その人が抱える根源的な問題に答える方が
いい場合もあるのです。
言葉にならない相手の思いに、
じっと耳を傾けましょう。

神の知恵

個人的な問題を
限界まで突き詰めて考えるとき、
最も普遍的な答えが与えられると言います。
とことん自分と向かい合い、
とことん悩み、
とことん祈るとき、
自分を救い、すべての人を救う
神の知恵が与えられるのです。

10月22日

費やした時間

料理のこつは、手を抜かず、
かけるべき時間を
しっかりかけることだと聞きました。
かけた時間が愛となり、
料理をおいしくするのだそうです。
費やした時間の中に愛がある。
どんなことにも当てはまりそうです。

10月23日

喜びの反射

もし周りの人たちの表情が
一斉に明るく輝き始めたら、
それはわたしたち自身が
輝き始めたしるし。
太陽が周りの星を照らし、
その光で輝かせるように、
喜びに満ちあふれた人は、
周りの人たちを喜びで輝かせるのです。

10月24日

10月25日

黙っていられる人

本当に信頼できるのは、
聞き心地のよい言葉を並べる人ではなく、
話すべきでないことを絶対に話さない人。
本当に賢いのは、
気の利いたことを喋りまくる人ではなく、
黙っているべきときに黙っていられる人です。

腹が立つ理由

誰かに腹が立って仕方がないときには、
その人を見ないで、
自分自身を見ましょう。
なぜそれほどまでに腹が立つのか、
腹を立てる必要がどこにあるのか。
それが分かれば、
怒りを乗り越えられるでしょう。

10月26日

極限状態で

ある登山家が
「山は、自分の本当の姿を教えてくれる」
と言っていました。
極限状態に追い込まれたときにとる行動で、
自分がどんな人間なのか分かるというのです。
大きな試練は、
本当の自分を知るための
チャンスなのかもしれません。

10月27日

感謝できる人

どんなにたくさんのものを手に入れても、
感謝できない人は決して幸せになれません。
感謝できる人は、
ほんのわずかなものでも幸せになれます。
幸せな人が「ありがとう」と言うのではなく、
「ありがとう」と言える人が幸せなのです。

10月28日

10月29日

心を解きほぐす

悩みを相談しにくる人の多くは、
自分が何に悩んでいるのか
よく分かっていません。
必要なのは、混乱した心を解きほぐし、
何が問題なのかをはっきりさせてあげること。
何が問題かが分かれば、
答えは自分で見つけられるものです。

自分をほめよう

苦しみがやってくるのは、
あなたが高い理想を目指し、
がんばって生きているるし。
現実に流されれば
苦しまずにすむかもしれませんが、
同時に成長もなくなります。
がんばっている自分を
ほめてあげましょう。

10月30日

愛は行いの中に

愛していると言いながら、
相手のために自分を差し出すのは拒む人と、
愛していると言わなくても、
黙って相手のために自分を差し出す人。
相手を本当に愛しているのはどちらでしょう。
愛は、言葉ではなく、行いの中にあるのです。

10月31日

11月

11月1日

芋虫から蝶へ

芋虫から見れば、蝶になることは死。
芋虫が、死んだ仲間を思って
「あいつはもう地面をはえない。
葉っぱを食べられない」
と悲しんでいるとき、
その仲間は蝶として空を舞い、
花の蜜を吸っています。
人間の死も、それと同じかもしれません。

何よりのつぐない

亡くなった家族に
自分がしたことを悔やみ、
自分を責め続ける必要はありません。
その方は、天国ですべての真実を知り、
そうせざるを得なかった
あなたの苦しさも知っておられます。
幸せな姿を見せて喜んでもらうのが、
何よりのつぐないです。

11月2日

11月3日

心を映す鏡

よい本は、
自分自身の心を映し出す鏡。
著者の澄んだ心に、
自分の心が映し出されるのです。
鏡を見て
髪型や服装の乱れを確認するように、
ときどき本を開いて
心の乱れを確認しましょう。

愛の水脈

心が渇いたとき、
癒しを求めて
遠くまで出かける必要はありません。
心を深く掘れば、
そこに泉が湧き出すからです。
どんなに荒れた人の心にも、
奥深いところには必ず
愛の水脈が流れているのです。

11月4日

11月5日

誰を信じるか

「こちらが正しい」
「いやこちらが真理だ」
と言い争っている人たちの姿を見て、
信じようと思う人はいません。
誰とも争うことなく、
自分の選んだ道を
喜んで歩み続ける人の姿を見るとき、
わたしたちはその人を信じるのです。

心は一つ

どんなに近くにいたとしても、
互いが自分のことしか考えていないなら
心はバラバラ。
どんなに遠く離れていても、
わたしたちの心の中に相手がいて、
相手の心の中にわたしたちがいるなら、
わたしたちは一つです。

11月6日

11月7日

見えていないもの

長期入院していたある日、
友だちがお見舞いに
持ってきてくれた花を見て、
あまりの美しさに心を打たれました。
それまで、花を見て
美しいと思ったことはありませんでした。
見ているのに、見えていない。
そんなことが多いようです。

言わなくても分かる

誰かの欠点を口汚くののしると、
聞いている人は逆に
「この人の方に問題があるのではないか」
と考えます。
相手に大きな欠点があるなら、
それは自然と他の人にも分かるもの。
口汚くののしることで、
自分をおとしめる必要はありません。

11月8日

11月9日

最初に学ぶべきこと

「人間は、
何かができるからこそ価値がある」
という考えで学べば、ゆがんだ
エリート主義になってしまいます。
何かを学ぶ前に、まず
「何もできなかったとしても、
人間には、
生きているというだけで価値がある」
ということを学びましょう。

二つの言葉

最も簡単な祈り、それは
神さまに「ありがとう」と
「ごめんなさい」を言うこと。
いただいた恵みにありがとう、
誰かを苦しめたことにごめんなさい
と言いましょう。
それだけで十分です。

11月10日

11月11日

雄弁な沈黙

悲しみにくれる友だちに、
かける言葉もなく
寄り添い続ける人の沈黙。
その沈黙には、
どんな慰めや励ましの言葉よりも誠実な、
愛のメッセージが込められています。
そんなときには、
沈黙こそが最も雄弁な言葉なのです。

11月12日

半分しか見えない

結婚をうらやむ人には、
結婚の不自由さが見えていません。
独身をうらやむ人には、
独身のさびしさが見えていません。
誰かをうらやむとき、わたしたちは
相手の半分しか見ていないのです。
よいことと悪いことは、
いつも半分ずつあるものです。

共感する力

苦しみを味わった人には、
同じ苦しみを味わっている人に、
深く共感する力が与えられます。
相手の苦しみを自分の苦しみとして
担うことを可能にする共感の力こそ、
相手を救うための力。
神さまが苦しみを与えるのは、
わたしたちにその力を与えるためなのです。

11月13日

愛し、愛される

与えるだけの愛も、
受け取るだけの愛も不完全です。
真実の愛は、
愛し、愛される
交わりの中にこそあるのです。
愛することに忙しい人は、
愛されるための時間をとりましょう。
愛されるばかりの人は、
愛するための時間をとりましょう。

11月14日

11月15日

成長に寄り添う

成長とは、
失敗と成功を繰り返しながら、
自分に何ができて、何ができないかを、
自分自身で学んでゆくということ。
たとえ親でも、子どもに何ができて、
何ができないかはわかりません。
できるのは、子どもの成長に、
そっと寄り添うことだけです。

かげりのない喜び

大切な誰かを犠牲にして
自分の望みを実現したとしても、
心の底から喜ぶことはできません。
大切な誰かのために
自分を犠牲にするときにこそ、
何のかげりもない、
心の底からの喜びを感じられるのです。

11月16日

11月17日

最後の問い

結婚生活の悩みへの最後の問いは、
「それでも、その人と一緒にいたいのか」
ということに尽きます。
何があろうと、
その人がその人である限り
一緒にいたいと心から願うなら、
どんな困難も乗り越えられるでしょう。
そこに真実の愛があるからです。

一言もらさず聞く

どれほど雄弁な言葉で
相手への思いを語っても、
語るばかりで相手の話に
聞く耳を持たない人の心には
愛がありません。
口下手でうまく話せなくても、
相手の話を一言もらさず
聞こうとする人の心には
確かな愛があります。

11月18日

11月19日

相手も同じ人間

ある兵士が、遠くから
敵の見張の兵士に照準を定めた瞬間、
その兵士がジャンプし始めました。
寒さに凍え、体を温め始めたのです。
兵士は引金を引けなくなりました。
相手も同じ人間だと気づいたからです。
一番恐ろしいのは
想像力の欠如かもしれません。

正常と狂気

正常と狂気は相対的なもの。
もしこの世界全体が狂っているならば、
それに適応できない人こそ正常であり、
適応できる人は狂っている
ということになります。
人間の不完全な判断に、
振り回されないようにしましょう。

11月20日

11月21日

地獄とは

「自分が絶対に正しい。
嫌いな相手はゆるさない。
自分が幸せになれればいい」
そう思う人にとって、
神さまのもとで
すべての人と幸せに暮らす天国は、
我慢できないほど嫌な場所でしょう。
そのような人たちが、
天国に入るのを嫌がって集まる場所が地獄です。

断定はできない

「要するにあの人は……だ」
「結局のところこれは……だ」と断定して、
現実を理解した気になってはいけません。
ほとんどの場合、
現実はわたしたちの理解を
はるかに越えているからです。
現実を、わたしたちの貧弱な理解に
押し込まないようにしましょう。

11月22日

11月23日

相手だって苦しい

「夫は、育児や家事の大変さを
ちっとも分かってくれない」
と妻が思っているとき、夫は
「妻は、会社の仕事の大変さを
ちっとも分かってくれない」
と思っています。
自分が苦しいときは、
相手も苦しいのだということを、
忘れないようにしましょう。

深く知る

世界の秘密を探るために、
遠くまで出かける必要はありません。
庭の片隅に咲く、
小さな花の一輪の中にも、
世界の秘密は隠されているからです。
大切なのは、
世界を広く知ることより、
深く知ることなのです。

11月24日

11月25日

目の前の一人から

目の前に苦しんでいる人がいて、
わたしたちに何かができるとき、
「他にもあなたのように
苦しんでいる人が何万人もいるから」
と言って通り過ぎられるでしょうか。
まず、目の前の一人から始めましょう。

誇りを持って

「誰からも愛されていない。
わたしなんかどうなっても構わない」
と思っている人が一人でもいる限り、
真の平和は実現しません。
すべての人が愛されていることを実感し、
誇りを持って生きられる世界こそ、
本当に平和な世界です。

11月26日

11月27日

力は与えられる

神さまから与えられた使命なら、
「そんなことをする力はない」
というのは、言い訳になりません。
力があるから
使命を与えられるのではなく、
使命を引き受けるから
力が与えられるのです。
わたしたちはただ、
勇気を出して引き受ければいいのです。

自分との距離

自分と向かい合うためには、
自分から距離を取らなければなりません。
さまざまな感情や執着、欲望などによって
自分に縛りつけられている間は、
自分と向かい合うことができないのです。
いったん手放して、距離を置きましょう。

11月28日

11月29日

無条件の愛

背が高いから、頭がいいから
などと条件を付け、
「あなたは……だから愛する」というのは、
真実の愛ではありません。
真実の愛は
「あなたがあなただから愛する」ということ。
相手をありのまま
無条件に受け入れてこそ、
真実の愛なのです。

家族を作り出す

血縁や法律で
結びついているというだけで、
安心してはいけません。
惜しみなく愛を注ぎ続けるからこそ、
わたしたちは家族でいられるのです。
家族とは、日々、
作り出してゆくものなのです。

11月30日

12
月

12月1日

98%の恵み

わずか2%の嫌なことのために、
残り98%の恵みを
台無しにする必要はありません。
嫌なことを思い返して憎しみを募らせるより、
楽しかったことを思い出して感謝しましょう。
憎しみではなく、
喜びの中で一日を終わりましょう。

決めるのは自分

コップに半分入った水を見て、
「半分しか」と思うか、「半分も」と思うか。
人生で願ったことの半分が実現したとき、
「半分しか」と思うか、「半分も」と思うか。
不幸か幸せか、失敗か成功かを決めるのは、
結局のところわたしたち自身です。

12月2日

12月3日

幸せに続く道

幸せにたどり着くために
通らなければならない道ならば、
どんなに険しい道も
すでに幸せの一部であるに違いありません。
一つひとつの苦しみは、
幸せに向かって続く道の一歩一歩。
信じて歩み続けましょう。

まんざらでもない

思いがけない親切に出会ったとき、
わたしたちは
「世の中まんざらでもないな」と思います。
この世界に価値を与えるのは、
人と人との間に生まれる愛。
世界がわたしたちに価値を与えるのではなく、
わたしたちが世界に価値を与えるのです。

12月4日

12月5日

人間の偉大さ

人間の偉大さは、
これまでに手に入れたものや成し遂げたこと、
世間の評判などによっては決まりません。
いまこの瞬間、
どれだけ誠実に人と向かい合えるか、
見返りを求めず自分を与えられるか、
目の前の相手を
幸せにできるかによって決まります。

恐れる必要はない

憎しみに火を注ぐのは、
相手によって自分の存在が
抹殺されることへの恐れ。
ですが、その相手は、
それほど恐れるべき相手なのでしょうか。
むしろ、相手の方こそあなたを恐れ、
おびえているのかもしれません。

12月6日

12月7日

真の謙遜

「わたしは何もできない」と言うのは、
「わたしは何でもできる」と言うのと
同じくらい間違っています。
一人ひとりに、
神さまが与えてくださった
かけがえのないよさがあるからです。
自分のよさも限界も
あるがままに認められる人こそ、
真に謙遜な人です。

本当の自由

欲望のおもむくままに
したいことをしても、
それは自由ではありません。
むしろそれは、
欲望の奴隷になるということです。
欲望に振り回されることなく、
自分が本当にしたいことだけをする。
それが本当の自由です。

12月8日

12月9日

まなざしの向こう

目に見えないものを見せる方法が、
一つだけあります。
それは、わたしたち自身が
目に見えないものと
しっかり向かい合うこと。
真剣に祈るわたしたちのまなざしの向こうに、
子どもたちは
目に見えない何かの存在を感じ取るでしょう。

静かな震え

心の深みから発せられた言葉には、
心の静かな震えを
相手の心に伝える力があります。
心の深みから発せられた言葉は、
喜びの震え、悲しみの震え、
感動の震えを乗せて相手の心に届き、
相手の心に同じ震えを呼び起こすのです。

12月10日

12月11日

自分が変われば

相手を変えたいと思うなら、
まずわたしたち自身が変わること。
わたしたちが変われば、
わたしたちとの関わりの中で
生きている相手も、
変わらずにはいられません。
自分は変わらず、
相手だけを変えるのは不可能です。

寄り添って話す

「もっと頑張れ」「それじゃだめだ」、
そんな何気ない一言でも、
相手が真剣に悩んでいるとき、
上から目線で話すなら
相手の心を傷つけます。
逆に、ちょっとした一言でも、
相手の苦しみに
しっかり寄り添って話す言葉は
相手の心を癒します。

12月12日

12月13日

心の空回り

体が疲れて動かないときには、
決してあせらないこと。
「あれもしなければ。これもしなければ」
とあせり、心を空回りさせれば、
心まですり減ってしまいます。
体が動かないときには、
自分の限界を謙虚に受け入れ、
回復を待つのが一番です。

幸運と幸福

幸運な人が、
幸福な人とは限りません。
成功に思い上がれば、
周りから人が離れてゆきます。
お金や名誉に執着すれば、
心の平和を失うでしょう。
油断すれば、大きく躓くかもしれません。
幸運を幸福にできるかどうか、
それは本人次第です。

12月14日

12月15日

家庭を見つける

喜びを、まるで自分のことのように
一緒に喜んでくれる人がいる場所。
苦しみを、まるで自分のことのように
一緒に苦しんでくれる人がいる場所。
それが家庭です。
血のつながりは関係ありません。
自分にとっての家庭を見つけましょう。

作者は神さま

もし茶碗がしゃべって、
「自分は駄作だ」と嘆くなら、
それは作者である陶芸家を
侮辱するのと同じこと。
もし人間が、
「自分はつまらない人間だ」と嘆くなら、
それは創り主である神さまを
侮辱するのと同じことです。

12月16日

12月17日

偽りと本物

幸せに、大きい、
小さいはありません。
ただ、偽りの幸せと、
本物の幸せがあるだけです。
見せかけの大きさに
迷わされることなく、
本物の幸せをつかみ取りましょう。

偉大な人生

本当に偉大なのは、
華々しい成功によって
ひと時の脚光を浴びる人ではなく、
普通の人生を
当たり前のように
最後までまっとうできる人。
一度も転ばない人ではなく、
転ぶたびごとに立ち上がって
歩き続けられる人です。

12月18日

自分を知る

自分のことをよく知れば知るほど、
わたしたちは謙虚になってゆきます。
知れば知るほど、
自分がどれだけ
弱くて不完全か分かるからです。
傲慢な態度で
自分が優れていることを誇る人は、
実はまだ、自分自身のことさえ
よく分かっていないのです。

12月19日

不幸な思い込み

「何かができるから、
わたしには愛される価値がある」
という考え方は、
わたしたちを幸せにしてくれません。
そう考えている人の心の奥底には、
「何もできなくなれば、
わたしには愛される価値がない」
という思い込みがあるからです。

12月20日

12月21日

根を下ろす

富や名誉を手に入れることに夢中で
自分自身を省みない人は、
枝葉を伸ばすことに夢中で
根を伸ばすのを怠る木のようなもの。
強い風が吹けば、
倒れるに違いありません。
心の深みに、
しっかり根を下ろしましょう。

自分自身になる

人と同じことができないからと言って、
自分を責める必要はありません。
人と同じことではなく、
自分がすべきことをすればいいのです。
大切なのは、
人と同じものになることではなく、
自分自身になることです。

12月22日

できることから

人間である以上、
働きすぎれば疲れるのが当たり前。
思った通りに
仕事がはかどらないからといって、
腹を立てても仕方がありません。
できないことまでしようとせず、
残された体力の中で
できることから始めましょう。

12月23日

プレゼント

わたしたちの命は、
神さまからのプレゼント。
いやな顔をしたり、
途中で放り出したりすれば、
神さまはどんなに悲しむでしょう。
笑顔で受け取り、
最後の日まで大切に生きましょう。

12月24日

12月25日

愛が生まれる日

クリスマスは、
今日で終わるわけではありません。
わたしたちの心に愛が生まれ、
それが笑顔や思いやりとなって
この地上に姿を現すなら、
毎日がクリスマスなのです。
愛が生まれる日、
それがクリスマスなのです。

有名になっても

会ったこともない人たちから
ほめ讃えられるほど有名になれば、
会ったこともない人たちから
誹謗中傷されることも
覚悟しなければなりません。
有名になったからといって、
それが幸せとは限らないのです。

12月26日

12月27日

和解への道

何か嫌なことを言われたとき、
むきになって言い返せば、
終わることのない争いが始まります。
「この人は、
なぜこんなことを言うのだろう」
と考えれば、
和解への道が開けます。

困った祈り

「自分だけを救って、
気に入らないあの人は滅ぼしてください」
と誰もが祈ったら、
神さまは困り果ててしまうでしょう。
祈りを聞きいれてほしいなら、
「自分も、あの人も一緒に救ってください」
と祈りましょう。
神さまはきっと、
喜んで聞きいれてくださるはずです。

12月28日

12月29日

喜んで奉仕する人

どんなにお金持ちで高い地位に就いていても、
自分は特別な人間だと思い込み、
困っている人たちを無視するような人を、
誰も偉いとは思いません。
自分が偉いなどとは少しも思わず、
困っている人がいれば喜んで奉仕する。
そんな人こそ、本当に偉い人です。

一滴の愛を集める

感謝を知らない心は、
穴の開いたバケツのようなもの。
どれほどたくさんの愛が注がれても、
決して満たされることがありません。
どんなに小さなことにも感謝し、
一滴の愛を大切に集められる人だけが、
心を愛で満たすことができるのです。

12月30日

世界という舞台

世界は一つの大きな舞台。
わたしたちは神さまに選ばれて
その舞台に立つ役者。
大切なのは、
自分が目立つことではありません。
与えられた役を、精いっぱいに演じること。
みんなで力を合わせてよりよい舞台、
よりよい世界を作りあげることです。

12月31日

おわりに

本にするために、これまでにインターネットで配信した言葉を読み返す中で、「ああ、こんな言葉があったなあ」と懐かしく思うことが何度もありました。読んでいるうちに、その言葉が生まれてきた時の情景がありありと思い出され、涙がこぼれることもありました。この本は、わたし自身が神父として歩んできた日々の成長の記録、そのときそのときに受けた恵みを記した日誌と言っていいかもしれません。これからも度々、読み返し、受けた恵みを心に深く刻んでゆきたいと思います。どうか皆さんも、折に触れ、またこの本を手に取ってみてください。きっと新しい発見があることでしょう。この本が、皆さんの心の片隅にいつまでも残る本となりますように。

《著者紹介》
片柳弘史（かたやなぎ・ひろし）
1971年埼玉県上尾市生まれ。1994年慶應義塾大学法学部法律学科卒業。1994－95年コルカタにてボランティア活動。マザー・テレサから神父になるよう勧められる。1998年イエズス会入会。現在は山口県宇部市で教会の神父、幼稚園の講師、刑務所の教誨師として働く。
『世界で一番たいせつなあなたへ―マザー・テレサからの贈り物』（PHP研究所）、『ひめくりすずめ―いつもそばにいるよ！』（キリスト新聞社）、『ぬくもりの記憶』『あなたはわたしの愛する子』（どちらも教文館）など著作多数。

装丁・本文レイアウト＝後藤葉子
装画・挿絵＝今井夏子

こころの深呼吸―気づきと癒しの言葉366

2017年11月20日　初版発行
2023年11月20日　13版発行

著　者　片柳弘史
発行者　渡部　満
発行所　株式会社　教文館
〒104-0061　東京都中央区銀座4-5-1
電話 03(3561)5549　FAX 03(5250)5107
URL　http://www.kyobunkwan.co.jp/publishing/

印刷所　モリモト印刷株式会社

配給元　日キ販　〒162-0814　東京都新宿区新小川町9-1
電話 03(3260)5670　FAX 03(3260)5637

ISBN978-4-7642-0036-4　Printed in Japan